A SABEDORIA DO
DINHEIRO

CARO LEITOR,

Queremos saber sua opinião sobre nossos livros.
Após a leitura, curta-nos no facebook/editoragentebr,
siga-nos no Twitter @EditoraGente e
no Instagram @editoragente e visite-nos no
site www.editoragente.com.br.
Cadastre-se e contribua com sugestões, críticas ou elogios.

Boa leitura!

ROBERTO NAVARRO

A SABEDORIA DO DINHEIRO

A CIÊNCIA PARA CONQUISTAR RIQUEZA COM ESPIRITUALIDADE, CONSCIÊNCIA E SEGURANÇA

Diretora
Rosely Boschini

Gerente Editorial
Rosângela de Araujo Barbosa

Editora Assistente
Franciane Batagin Ribeiro

Controle de Produção
Fábio Esteves

Projeto Gráfico e Diagramação
Vivian Oliveira

Capa
Equatorium Design

Preparação
Fernanda Guerriero

Revisão
Mariane Genaro

Impressão
Eskenazi

Copyright © 2020 by Roberto Navarro
Todos os direitos desta edição são reservados à Editora Gente.
Rua Original, nº 141 / 143 - Sumarezinho,
São Paulo - SP, CEP 05435-050
Telefone: (11) 3670-2500
Site: www.editoragente.com.br
E-mail: gente@editoragente.com.br

Todas as citações bíblicas foram padronizadas de acordo com a Bíblia King James, disponível em http://www.bkjfiel.com.br/bible.

Dados Internacionais de Catalogação na Publicação (CIP)
Angélica Ilacqua CRB-8/7057

Navarro, Roberto
 A sabedoria do dinheiro : a ciência para conquistar riqueza com espiritualidade, consciência e segurança / Roberto Navarro. -- São Paulo : Editora Gente, 2020.
 224 p.

ISBN 978-85-452-0394-0

1. Finanças pessoais 2. Dinheiro 3. Riqueza 4. Sucesso I. Título

20-2447   CDD 332.024

Índice para catálogo sistemático
1. Finanças pessoais

*Dedico este livro, com todo o meu amor e meu carinho, à minha
querida mãezinha, que já não está mais aqui entre nós.*

⋆★⋆

*Agradeço a Deus em primeiro lugar,
à minha mãezinha querida que já não está mais aqui e
à minha família, minha maior riqueza e inspiração.
Agradeço às minhas lindas filhas Raissa, Pérola e Amanda;
ao meu filho, Rai; à minha linda esposa, Kenia;
e às minhas lindas enteadas, Astrid e Rafaela.*

SUMÁRIO

PREFÁCIO por Tiago Brunet 10

INTRODUÇÃO: Riqueza é uma escolha 15
    O dinheiro flui 17
    Você tem medo de quê? 18
    Prepare seus potes 21

CAPÍTULO 1: Não somos preparados para
            lidar com dinheiro 27
    Outras atribuições 30
    Tentações e aprendizado 32
    Chega o improvável 33
    O sonho de consumir tira a paz de muitos 37
    Novos caminhos 39
    Medo de investir, receio de mudar 40

CAPÍTULO 2: Por que vivemos essa situação? 45
    Crise localizada 47
    Fatores históricos 48
    Melhores e piores 49
    Além do diploma 53
    Valor x preço 55
    Coragem para se desafiar 57
    Meu próprio plano 58

CAPÍTULO 3: Calma, existe solução 63
    O papel dos hábitos 66
    Consuma com consciência 67
    Foque as necessidades das pessoas 68
    Você quer enriquecer ou pagar dívidas? 70
    Busque trabalho 71
    Os cinco princípios 72
    Aspectos da riqueza 75
    Tenha propósito 77

CAPÍTULO 4: Gastar com um propósito bem definido 79
    Saber gastar 79
    Padrões de comportamento 81
    Metas e objetivos 84
    Treino com dinheiro de mentira 86
    Planejar é preciso 88
    As despesas fantasmas 91
    Hora de tomar uma decisão 94
    Níveis de despesas 94
        Despesas obrigatórias fixas 95
        Despesas obrigatórias variáveis 95
        Despesas não obrigatórias fixas 95
        Despesas não obrigatórias variáveis 95
    Inversão de valores 95
    Jejum para prosperidade 97
    Atitudes para economizar 99

CAPÍTULO 5: Saber fazer dinheiro 105
    Desenvolva suas estratégias 109
    A importância do plano de ação 110

Trabalho é dádiva 112
Produzir mais e melhor 113
Como está sua autoestima? 115
Fator financeiro 119

CAPÍTULO 6: Trabalhar o dinheiro que já fez 123
Paz financeira 126
Fazer com pouco dinheiro 128
Ingredientes para o sucesso 131
Momento de escalar 133
Será que existe riqueza fácil? 134
Multiplicar com inteligência 137
Investir corretamente 139
Cada dinheiro com um propósito 140
Use seu dom 142

CAPÍTULO 7: Preservar a vida 147
Você tem um plano para a sua saúde? 151
Pague pelo que faz sentido 154
Faça um seguro de vida 156
O paradoxo do seguro 158
Proteja sua aposentadoria 160
Cuide dos seus bens 162

CAPÍTULO 8: Ampliar as oportunidades 167
O poder da informação 170
Você está preparado? 173
O papel do mentor 176
Como funciona uma mentoria? 179
Crie suas oportunidades 182

CAPÍTULO 9: Riqueza não é um milagre, é um processo 187
    O que o move? 189
    O processo da riqueza 191
    Tijolo por tijolo 194
    Discos e riscos 195
    Hora de empreender 196
    Preços a serem pagos 197
    Reconhecimentos 198
    Treine sua renúncia 200
    Qual é o seu perfil? 202
    Tenha um plano B 203
    Busque inspiração 205

CAPÍTULO 10: Prepare o seu legado 211
    Legado e multiplicação 213
    Dilemas da herança 214
    Dinheiro e felicidade 215
    Você está pronto? 219

PREFÁCIO
Por Tiago Brunet

Desde pequeno meu pai me ensinou que dinheiro é algo altamente espiritual.

Nunca entendi isso até começar a viver a influência da sabedoria (que é a arte de pensar como Deus pensa) na prosperidade financeira aqui na Terra.

Trabalho, empreendedorismo, inteligência financeira e networking contribuem para o crescimento econômico do ser humano.

Porém, nada substitui a sabedoria.

O homem mais rico do mundo, rei Salomão (Israel – 1000 a.C) em seu livro de Provérbios ressalta no capítulo 4, verso 7, que "a sabedoria é a coisa principal".

Sabemos que dinheiro é apenas uma ferramenta para a construção de nossos objetivos. Dinheiro é um servo dos nossos sonhos, e não o objetivo deles.

Porém, o dinheiro afeta diretamente a vida emocional e espiritual de quem não é treinado para a prosperidade.

Sim, ser próspero de verdade exige treino.

Até porque, prosperidade não é apenas ter dinheiro, mas TUDO de que você precisa para cumprir o seu propósito nessa terra.

O dinheiro facilita a caminhada, mas não lhe dá destino.

O dinheiro potencializa o que você carrega dentro. Então, cuidado!

O que tem de ruim em você é exposto quando o dinheiro chega. Mas o que tem de bom também.

Dinheiro não muda pessoas, apenas as expõe.

Por isso, espiritualidade e sabedoria devem ser suas guias nessa jornada de riqueza. Só assim, você será mais do que rico, FELIZ.

Roberto Navarro, que é um amigo de longa data, acertou em cheio neste livro. Trazendo conceitos atuais e milenares ao mesmo tempo, princípios imutáveis, porém práticos.

Deixa eu ensinar algo a você: a melhor semente do mundo não prospera em terra árida.

Ou seja, o conteúdo deste livro só terá efeito se o seu coração estiver aberto como terra adubada pronta para receber essa mensagem.

Desejo paz e prosperidade!
Tiago Brunet
Escritor best-seller, palestrante internacional, fundador da Casa de Destino e mentor do Clube de Inteligência.

INTRODUÇÃO

15 Riqueza é uma escolha
17 O dinheiro flui
18 Você tem medo de quê?
21 Prepare seus potes

RIQUEZA É UMA ESCOLHA

Olá, querido leitor, tudo bem? Por você estar com este livro em mãos e dedicar seu tempo e carinho aos meus ensinamentos, saiba que já o considero um amigo. Posso garantir a você que não é exagero quando digo que esta leitura pode mudar sua vida e deixá-lo rico. A riqueza, afinal, é uma escolha. Lembro que a primeira vez que eu disse que enriquecer era uma escolha foi em 2013. Não demorou e observei diversos outros educadores financeiros adaptando seus discursos para dizer exatamente aquilo que eu havia desenvolvido.

No entanto, trata-se de um debate polêmico. Sei disso porque, sempre que relanço a minha palestra sobre esse assunto, não são poucas as mensagens negativas que recebo. Há também livros que abordam o tema, como *Só é pobre quem quer*[1], da Fundação Napoleon Hill. Contudo, em trinta e sete anos de trabalho, a cada dia que passa me convenço mais de que ser rico realmente é uma escolha, o que posso afirmar com base na experiência de ter formado cerca de 110 mil alunos em meus treinamentos.

Muita gente, no entanto, rebate esse pensamento e, em tom de crítica, diz: "Ah, duvido que alguém queira ser pobre". Ou: "Eu escolhi ser rico e não sou". Ou ainda: "Se fosse fácil assim, todo mundo seria". Tais comentários, porém, não são nem os piores. Quando toco nesse assunto, há quem parta para a ofensa ou use

---

1 LECHTER, S.; REID, G. *Só é pobre quem quer*. Curitiba: Fundamento, 2014.

palavrões, o que demonstra falta de educação e uma profunda amargura. Para esses, só desejo sorte em cada jornada.

Mas por que a riqueza é uma escolha? Vamos fazer uma análise e, inclusive, utilizar um daqueles comentários que citei anteriormente para entender. Imagine, portanto, o seguinte diálogo, que, lhe asseguro, é feito com base em fatos reais. Se alguém me dissesse: "Eu escolhi ser rico e não sou", eu perguntaria o que esse indivíduo está fazendo para chegar ao seu objetivo. No caso de uma resposta em que ele me diga que está em um trabalho com um salário estável e sem possibilidade de crescimento, posso afirmar, com 100% de certeza, que essa pessoa não está indo em direção à riqueza.

Quem afirma que quer ficar rico, portanto, deve considerar as atitudes diárias que o direcionam para esse objetivo – fazer investimentos, por exemplo, mesmo que sejam pequenos e estejam de acordo com o que cabe no bolso de cada um. Você pode até pensar que não vale a pena investir com pouco dinheiro, mas proponho uma reflexão que explicará muito: você vai esperar ter muito dinheiro para começar a investir ou será que tem pouco justamente porque nunca começou?

Façamos uma análise: imagine um rapaz de 25 anos que, na carteira, tenha R$ 200 em dinheiro. Como muitos, ele também quer ser rico, mas ainda não sabe exatamente como e, muito provavelmente, está gastando dinheiro da maneira errada.

Para ser rico, é necessário renúncia. Não adianta apenas falar. É preciso ter atitudes e tomar decisões para avançar. São seus comportamentos que vão fazer com que as pessoas vejam você de uma maneira diferente, e suas crenças sobre si mesmo irão guiá-lo pelo caminho certo ou errado. Sabendo disso, acredite em você! Concentre-se em fazer e conquistar seus resultados. Naturalmente, aqueles ao seu redor perceberão a diferença.

A autoridade, sobre qualquer aspecto, é sempre algo a ser construído; é decorrência dos resultados de cada um. Aquilo que falamos se confirma. Com a riqueza ocorre algo similar. Ela vem por meio de nossas atitudes e ações. Em um dos meus treinamentos, criei uma planilha que chamo de "Sentimento com o dinheiro", cujo objetivo é que quem a utilize crie uma verdadeira compulsão por fazer dinheiro e eliminar gastos. Nela, há um campo para que você preencha e informe quanto dinheiro fez hoje: ou seja, todas as manhãs,

> **"A cada dia que passa me convenço mais de que ser rico realmente é uma escolha."**

deve acordar e pensar em quanto dinheiro vai fazer naquele dia. Isso o incentiva a imaginar: *Quais estratégias novas vou adotar para vender mais? Vou criar um novo produto? Quais benefícios levarei àqueles que podem me trazer dinheiro?* Tudo isso é estratégia.

Aliás, uma explicação. No decorrer destas páginas, o leitor vai perceber que utilizo a expressão "fazer dinheiro" em vez de "ganhar dinheiro", porque **ganhar** nos dá a ideia de algo que vem de graça, sem esforço: ganhar na Mega-Sena, ganhar um presente, ganhar algo do pai etc. Isso nos faz sempre esperar ganhar algo, de Deus ou de alguém, em berço esplêndido. **Fazer** dinheiro, por sua vez, tem a ver com produtividade, criação, está relacionado a ir atrás, em um sistema de geração de riqueza. Assim, nós não ganhamos nada; nós produzimos e somos merecedores daquilo que estamos produzindo.

O DINHEIRO FLUI

Existe um pensamento que afirma: "Tire o cifrão do olho, que o dinheiro aparece". Isso, para mim, é bastante verdadeiro. Muitas vezes, faço *lives* por meio do meu ministério *Semeando prosperidades* com o objetivo de ajudar as pessoas, portanto tenho todo o cuidado para que não haja nenhum tipo de tom comercial no que digo. Por essa razão, durante essas transmissões, procuro até ignorar comentários como: "Legal, Roberto. Quero fazer seu curso, qual é o telefone?".

Em sala de aula, porém, ao perguntar: "Como você conheceu nosso trabalho?", muitos respondem que decidiram se inscrever por terem assistido às *lives* do meu ministério, algo que não fiz com interesse financeiro. Talvez, se tivesse feito uma campanha de marketing, não teria tido um retorno como esse. Quando estamos fazendo a coisa certa, portanto, mesmo que não seja com foco em dinheiro, recebemos algo bom em troca.

Seja bem-intencionado, entregue com qualidade, tenha foco em beneficiar os outros; assim, mesmo que sem intenção financeira, você receberá oportunidades. Você pode dizer: "Ah, Roberto, mas não estou recebendo nada". Oras, está fazendo a sua parte? Comece a agir e essa história vai mudar. Tudo, portanto, é uma escolha.

Tem gente que fala: "Não vou perder tempo ajudando os outros, pois eu é que preciso de ajuda". Essa, contudo, é uma maneira egoísta de pensar. Como consequência, essa pessoa sempre vai precisar de ajuda, pois simplesmente não é assim que o dinheiro flui.

VOCÊ TEM MEDO DE QUÊ?

Quando digo que riqueza é uma escolha, devemos considerar algumas questões. Escolher significa abrir mão de algo para ficar com outra coisa. Para chegar a um destino, você terá de optar pelo caminho A ou B. Impossível ir pelos dois. Tal pensamento vale para tudo. Sair de um emprego ou seguir nele? Casar ou ficar solteiro? Ter ou não ter filhos? Cada decisão tem prós e contras, e, diante da necessidade de decidir, muita gente se amedronta.

Será que vou escolher a melhor alternativa? O que estarei perdendo por não ter ido pelo outro caminho? E você, como se comporta na hora de decidir por algo? Você pode estar pensando que alguém dificilmente diria ter medo ou alguma dificuldade de escolher entre ser rico ou pobre, certo? Não, com certeza, ninguém diria isso. No entanto, garanto que muitos têm medo de dinheiro. "Como assim, Roberto?" Eu explico.

Há quem tema passar pela vida sem deixar um legado; outros têm medo de falar em público, de viajar de avião ou de morrer. Pois saiba que tem gente cujo medo é ter dinheiro. Vamos imaginar alguém cujo salário mensal é de R$ 7 mil. Em determinado mês, ele paga as contas e nota que ainda sobraram R$ 1.000 no banco. Sem entender, checa tudo de novo, para ver se não esqueceu algum boleto. Ao confirmar que está tudo pago, fica intrigado: *Será que me esqueci de comprar alguma coisa no supermercado?*

Ainda sem uma resposta, ele segue vasculhando a casa, tentando imaginar algo que possa estar faltando. Está quase certo de que deixou de fazer alguma coisa, o que explicaria aqueles R$ 1.000 que sobraram do salário. Passada uma semana, no entanto, a quantia simplesmente evapora. E, se perguntarmos, o dono do dinheiro dirá que não faz ideia de onde o gastou. Isso é o que chamo de ter medo de dinheiro.

E há gente que parece ter um verdadeiro pânico de dinheiro, como se ele fosse até capaz de machucar alguém. Estou falando de quem acredita em afirmações como "o dinheiro é sujo" ou "rico não vai para o Céu". Com tais crenças, esse indivíduo se torna uma espécie de condutor do dinheiro. Toda quantia que passa por ele acaba parando com outra pessoa.

Esse medo irracional o faz querer se livrar de todo o dinheiro para, assim, evitar qualquer mal que mantê-lo consigo poderia lhe trazer. Tudo isso envolve escolhas. Ao manifestar esse medo, quem acaba gastando deixa os outros ricos. Quando você compra um iPhone, fica mais pobre e a Apple se torna ainda mais trilionária. Ao compreender isso, você passará a fazer mais dinheiro entrar na sua conta e irá investi-lo.

> **"Para ser rico, é necessário renúncia. Não adianta apenas falar. É preciso ter atitudes e tomar decisões para avançar."**

Muitos, porém, buscam nos investimentos uma riqueza imediata. No entanto, isso não existe. Quem acreditar que enriquecerá da noite para o dia com aplicações pode quebrar a cara. As pessoas não ficam ricas com investimentos. Elas já possuem riqueza e multiplicam seu dinheiro. É gente que aplica R$ 50 mil por mês. Quem investe R$ 50 por mês não vai enriquecer, mas terá nisso uma forma de ampliar seus recursos. É preciso frisar: R$ 50 é o início do processo. E o mais importante é você iniciar, não importa com quanto.

O que recomendo, então, para quem tem esse segundo perfil? Foque investir em si mesmo. Você já comprou este livro, então merece meus parabéns. Adquira outros. Se atualmente não estiver estudando, passe a fazê-lo. Busque cursos, treinamentos, aumente sua capacidade de tomar decisões, fazer dinheiro, empreender, se relacionar com as pessoas, ter mais informações. Garanto que, nessa convivência, você terá um poder muito grande, irá se destacar mais e suas escolhas vão aproximá-lo da riqueza.

Em contrapartida, para quem busca enriquecer, uma atitude inadmissível é dizer que não gosta de ler, de ver um filme, de se relacionar com os outros, de empreender, de buscar informações. Poxa, a pessoa não gosta de nada? No fundo, ela está dizendo que não gosta de dinheiro e que quer ser para sempre escrava de um sistema. Costumo dizer que o dia 13 de maio, data em que foi abolida a escravidão no Brasil, em 1888, poderia servir para que todos se libertassem de um novo tipo de vida escrava.

Apesar de já celebrarmos mais de cento e trinta anos do fim daquela escravidão, temos ainda muita gente que vive sem ter atendidas as necessidades mais básicas, como alimentação, moradia digna, trabalho, roupas, transporte, educação para os filhos etc. Em pleno século XXI, uma grande parcela da população ainda não se libertou. Isso é uma questão de escolha existente em todas as profissões ou atividades humanas.

Em qualquer área você encontra o rico e o pobre, indivíduos bem-sucedidos e malsucedidos. Existem igrejas gigantes e pastores ricos, assim como você vai achar igrejas pequeninas com pouquíssimos fiéis. Qual é a diferença, se Deus está nas duas? Da mesma maneira, há o dono do posto de gasolina que está quase fechando, enquanto outro possui uma rede com duzentos endereços. Ambos vendem combustíveis. E será que existe pipoqueiro pobre e rico? Pois eu te digo que conheço alguns que são multimilionários.

Isso vale para dentista, médico, advogado, enfim, para todos os campos. Mas o que os diferencia e pode explicar sucesso e fracasso? Pois eu digo que quem se destaca tem atitude, competência, criatividade, ousadia, capacidade, networking, as habilidades ligadas à riqueza que ele desenvolve. Já o fracassado, não.

Sobretudo, porém, eles são distintos pelas crenças que cada um carrega. Enquanto o medíocre segue preso em crenças antigas, de impossibilidade, sua versão bem-sucedida crê nas possibilidades e na vitória. São crenças que vão levá-lo a outro patamar, pois ele procura por isso. Jamais para no estágio atual. Sempre busca o próximo nível.

PREPARE SEUS POTES

Estamos apenas na introdução do nosso livro, mas já quero começar a compartilhar com você algumas dicas valiosas para ajudá-lo na sua jornada rumo à riqueza. Apresento, portanto, aquela que provavelmente é a metodologia mais famosa do Instituto Coaching Financeiro (ICF): a técnica dos potes. Quando a desenvolvi, minha ideia era criar uma metáfora financeira para uma meta, um objetivo que temos em nossa vida.

O princípio do pote está em você comprar qualquer coisa que queira, mas sem usar o dinheiro que já tem. Posso garantir que a técnica funciona, pois a utilizo sempre que quero comprar um apartamento, um carro, uma moto, uma viagem ou até ir a um restaurante. Faço tudo isso sem tocar nos recursos que já existem, apenas usando dinheiro novo, criado a partir de uma nova fonte. Acredite, isso faz uma baita diferença nas finanças.

No entanto, antes de dar alguns exemplos de potes que criei, você precisa entender algumas características ligadas a esse conceito. O primeiro ponto para criar um pote é conhecer as habilidades que você tem e ter consciência de como pode aproveitá-las. Por exemplo, eu sempre tive facilidade de lidar com dinheiro e com pessoas. Diante disso, passo a identificar oportunidades que eu poderia transformar em produtos a serem criados.

Costumo pensar por setores, pois facilita todo o processo. Posso falar com investidores, pessoas endividadas, pobre, rico, quem tem renda extra, quem quer criar renda extra, empresário, empreendedor, profissional de marketing multinível. Portanto, a primeira coisa que você tem que fazer é saber quais são as suas habilidades. A partir delas, identifique como pode transformá-las em oportunidades de gerar novos negócios e novas fontes de renda. Como suas habilidades podem criar produtos ou serviços e lhe render dinheiro? Quem vai pagar para comprar seu produto ou contratar seu serviço?

Um exemplo do uso da técnica ocorreu quando quis comprar uma motocicleta Harley-Davidson, marca da qual gosto muito. Como não queria gastar um centavo do meu dinheiro, decidi criar um pote para adquirir a moto, que custava R$ 52.700. Ao vê-la, na concessionária, perguntei ao vendedor se poderia pagá-la ao longo de trinta dias, por meio de depósitos na conta da empresa.

Ele concordou e acrescentou que, assim que o valor fosse integralmente pago, a Harley poderia ser retirada. Naquele dia, ao chegar ao meu escritório, Tiago, um dos funcionários da área de investimentos, me procurou para tirar uma dúvida. Disse que muita gente havia ligado desde cedo para perguntar especificamente sobre um tipo de aplicação. Ao ouvir aquilo, me ocorreu uma ideia e questionei: "Tiago, muita gente costuma ligar para saber como eu invisto?". E ele respondeu: "Nossa, um monte de gente, todos os dias".

Pensei: *É isso!* Imediatamente, procurei um dos nossos vendedores de cursos do ICF e falei: "É o seguinte, você vai ligar somente para nossos ex-alunos e oferecer um treinamento de duas horas on-line comigo. O curso vai se chamar 'Estratégias de Investimento de Roberto Navarro', acontecerá no dia tal, vai custar R$ 1.500 e nele vou mostrar como eu invisto meu dinheiro". No mesmo instante, ele começou a vender.

A cada aluno, ele descontava a comissão, os impostos e fazia a transferência para a concessionária da Harley-Davidson. Apenas catorze dias depois, ele já havia conseguido R$ 54 mil livres com o treinamento e a motocicleta estava paga. Quando cheguei à loja para retirá-la, comecei a ver acessórios da moto que me interessavam. A soma deles ultrapassava R$ 20 mil, mas o vendedor verificou que nos EUA sairiam pelo equivalente a R$ 8 mil. Perguntei se, ao comprar no exterior, eles fariam a instalação aqui. O rapaz afirmou que somente antes da retirada da moto. Depois disso, haveria custos.

Falei para ele deixá-la ali, pois eu iria comprar nos EUA e voltar. Voltei para o escritório e falei para o vendedor que aquele treinamento sobre investimentos seria transmitido ao vivo de Las Vegas, nos EUA, e que ele passasse a vendê-lo com essa informação. A venda, que estava em R$ 54 mil, saltou algumas semanas depois para R$ 180 mil. Viajei para Las Vegas, onde fiquei uma

> **"Fazer dinheiro, por sua vez, tem a ver com produtividade, criação, está relacionado a ir atrás, em um sistema de geração de riqueza."**

semana, fiz o treinamento, passeei, comprei os acessórios da moto e ainda retornei ao Brasil com quase R$ 100 mil feitos a partir desse pote.

Repeti esse treinamento em Nova York e Orlando, também nos EUA. Nas duas ocasiões, os resultados foram bons, mas não chegaram aos R$ 180 mil de Las Vegas e decidi tirá-lo do calendário. Conforme a procura por ele seguiu existindo, criamos o treinamento "Investidor Inteligente", um dos mais vendidos no ICF. Nele, há um professor para aulas on-line, que ensina todas as técnicas necesssárias para investir de maneira eficiente, com as minhas estratégias.

Tudo isso a partir da técnica dos potes. Por essa razão, sempre digo que Deus não manda dinheiro, Ele financia projetos. O céu é o limite, mas você deve começar conhecendo suas habilidades e tendo projetos. Por meio disso, você vai desenvolver muita coisa. No entanto, veja, o conceito dos potes se baseia na construção de novas fontes de renda, isto é, em algo que eu não tinha antes. Não adianta você simplesmente separar uma parte do seu salário, por exemplo, para fazer uma viagem no final do ano. Isso seria apenas o cumprimento de uma meta.

A técnica dos potes dá certo? Sim, mas para quem tem disciplina, conhecimento e estratégia. Quem é indisciplinado pega a renda extra que criou e usa para viajar ou ir a restaurantes. No entanto, esse dinheiro é para ser multiplicado. Os potes podem proporcionar projetos incríveis, capazes de nos deixar cada vez mais ricos. Afinal, nós vivemos para ter mais, e não para ter menos.

Se você gostou da técnica dos potes, saiba que ela é apenas uma pequena amostra do que o espera neste livro. Nas próximas páginas, vou deixar para você as minhas melhores orientações sobre dinheiro, com informações acumuladas em uma trajetória de trinta e sete anos de muito trabalho e dedicação. Agradeço desde já a confiança e faço algumas perguntas:

1. Você está pronto para conquistar a sua liberdade financeira?
2. Você acredita que sua vida deve ser próspera e abundante?
3. Você tem fé de que é capaz de transformar sua trajetória e buscar sempre o próximo nível?

Se suas respostas foram afirmativas, você está com o livro certo em mãos. Vou te apresentar a Ciência da Riqueza e as Múltiplas Inteligências Financeiras, uma metodologia com potencial de mudar verdadeiramente sua relação com o dinheiro, seus resultados, sua existência e a de sua família. Está pronto? Então, vamos continuar em nossa jornada rumo à prosperidade e à vida abundante. Ela está apenas começando. Para isso, basta me seguir. Vamos nessa. Espero você na próxima página.

CAPÍTULO 1

27 NÃO SOMOS PREPARADOS PARA LIDAR COM DINHEIRO
- **30** Outras atribuições
- **32** Tentações e aprendizado
- **33** Chega o improvável
- **37** O sonho de consumir tira a paz de muitos
- **39** Novos caminhos
- **40** Medo de investir, receio de mudar

NÃO SOMOS PREPARADOS PARA LIDAR COM DINHEIRO

Quando digito estas linhas, em uma noite abafada em dezembro de 2019, os dados mais recentes divulgados sobre inadimplência revelam que nada mais nada menos do que 65,1% das famílias brasileiras estão endividadas,[2] segundo levantamento da Confederação Nacional do Comércio de Bens, Serviços e Turismo (CNC). São dívidas de cartão de crédito, cheque especial, cheque pré-datado, crédito consignado, crédito pessoal, carnê de loja, prestação de carro ou prestação da casa. O que esses impressionantes indicadores ajudam a decifrar é algo dramático: não somos preparados para lidar com dinheiro.

Portanto, muitos estão endividados em razão do despreparo em torno de um estímulo ao consumo que ocorreu no Brasil durante alguns anos em nossa história recente. Muita gente comprou casa e carro com parcelamento de longo prazo. Parecia um milagre. O cenário mudou, porém, a renda caiu e um exército de pessoas está em uma situação difícil. Com minha experiência em finanças, ao observar os movimentos de consumo há alguns anos, já imaginava que aquilo não seria sustentável.

No entanto, talvez você esteja se perguntando: como ele poderia saber? Bom, minha história pessoal é uma fonte desse

---

[2] Para saber mais, consulte: PERCENTUAL de famílias com dívidas volta a subir em novembro. *CNC*, 12 abr. 2019. Disponível em: http://cnc.org.br/editorias/economia/noticias/percentual-de-familias-com-dividas-volta-subir-em-novembro. Acesso em: 19 dez. 2019.

conhecimento. Conquistei meu primeiro milhão aos 21 anos, em janeiro de 1991. E consegui isso empreendendo, pois não venho de família rica. Muito pelo contrário. Comecei a trabalhar aos 13 anos, em um posto de gasolina, onde lavava vidros de carro e calibrava pneus.

Antes de completar 16 anos, contudo, eu já tinha começado a empreender e garantir outras fontes de renda. Em paralelo ao trabalho no posto, por exemplo, passei a vender camisetas, discos e fitas cassetes de bandas de rock na escola e para conhecidos meus. A maior parte do dinheiro que fiz eu reinvesti, pensando em ampliar ainda mais meus recursos. Consegui um modelo de calibrador similar aos utilizados na Fórmula 1, o que me deu mais agilidade para trabalhar com os pneus dos carros, o que me fez ganhar tempo e mais dinheiro.

Isso foi se ampliando e, na soma de tudo, o resultado é que ainda adolescente eu já possuía uma renda significativa. Calculo que, na moeda da época, eu ganhava o equivalente a R$ 5 mil mensais. Poderia ser considerado rico na minha cidade. Imagine um garoto de 16 anos com isso no bolso e que, portanto, poderia comprar o que quisesse, ir a um restaurante, sair com a namorada. Eu era essa pessoa. E por quê? Trabalhava muito, economizava o que recebia e empreendia minhas ideias.

Até mesmo nos dias de hoje, um adolescente com uma renda dessa pode ser considerado rico no Brasil em comparação com os demais no grupo dele. Imagine isso há trinta anos.

Com a renda acumulada dos 13 aos 18 anos, consegui economizar dinheiro e montar o meu próprio posto de gasolina. Eu havia conquistado a minha independência. Algum tempo depois, multipliquei a minha renda e comprei outros dois postos. No entanto, empreendi muito rápido e fiz tudo isso sem preparo. Como construí o meu primeiro posto? Com o pouco dinheiro que tinha na época, comprei o terreno; porém, ao começar a construir, tive de hipotecá-lo, pois muitas dívidas foram surgindo.

Para liquidá-las, eu vendi o posto e, com o dinheiro que sobrou, comprei outros dois postos. Pode parecer estranho para quem não seja da área, mas cada posto tem seu valor avaliado segundo a margem de operação e a galonagem, que é o volume de venda de combustíveis em um determinado período. Aquele que montei era e ainda é um dos melhores da região, por isso consegui vendê-lo, pagar o que devia e ainda comprar outros dois postos, que tinham resultados mais modestos. Ou seja, fiz um bom negócio, que me trouxe tranquilidade, pois fiquei sem dívidas. Esta foi uma grande estratégia. Pelos anos seguintes, continuei empreendendo e cheguei a ter vários postos simultaneamente. No entanto, não demorou e voltei a conviver com dívidas – dessa vez, muito maiores. Acredito que em um determinado momento cheguei a dever o equivalente a R$ 20 milhões atualmente. Agora, no entanto, eu tinha um patrimônio para liquidar tudo aquilo. Fazia parte do meu giro do dia a dia.

Tinha os meus negócios, havia comprado apartamentos e construído imóveis. Comecei a fazer um monte de coisas ao mesmo tempo e, quando decidi vender tudo, a ideia de nunca mais trabalhar estava em minha mente. Pensei comigo: *Vou vender minhas coisas, pagar todas as dívidas e, simplesmente, ter independência financeira. Vou poder curtir a vida.* Esse era o meu objetivo. Estava com 32 anos.

Ao vender tudo, porém, acabei fechando um negócio que deu errado, pois fui vítima de golpistas. Com isso, perdi tudo o que havia conseguido ao longo dos anos, o que incluía uma rede com postos de gasolina, lojas de roupas e uma rádio. Pior, não me livrei das dívidas, pois sobraram mais de R$ 10 milhões a serem pagos e fiquei com o nome sujo, algo que poderia se tornar um obstáculo para conseguir crédito e empreender. Naquele momento, contudo, não fui atrás de crédito, pois sabia que não conseguiria. Então, nem perdi meu tempo com isso.

Neste ponto, como você pode ver, já havia passado por todos os altos e baixos possíveis. Comecei com pouco dinheiro, do zero, fiz muitas dívidas e paguei todas, construí um patrimônio, vendi meus negócios e deu tudo errado. Quebrei. Conheci todas as fases da vida financeira pelas quais uma pessoa pode passar. Sabia como começar do nada e como recomeçar depois de dever milhões. Conhecia a realidade de ser rico, milionário e pobre. Tudo isso havia acontecido comigo, portanto eu tinha uma grande experiência no que se refere à vida financeira.

No entanto, apesar de ter ficado triste com o golpe e de ter perdido tudo o que tinha, lembro que não me preocupei. Para se ter ideia, chegamos a ficar sem luz em casa por duas ocasiões, por falta de pagamento. Faltava até mesmo dinheiro para comprar comida. Tínhamos um pequeno estoque e dele vinham os nossos alimentos neste período, porém não chorei em nenhum momento. Não me abalei porque tive fé. Eu não sabia como, onde ou quando, mas tinha certeza de que ia dar a volta por cima. E isso me trouxe um enorme sentimento de paz.

OUTRAS ATRIBUIÇÕES

Um detalhe adicional é que eu, em meio a tudo isso, era "pãe". O que é isso? Fui pai e mãe ao mesmo tempo. Com 28 anos, já tinha a guarda das minhas três filhas, a Raíssa, a Pérola e a Amanda, que foram criadas com a ajuda da minha mãe. Atualmente, elas têm um bom relacionamento com a mãe delas, que sempre foi minha melhor amiga, desde a infância. Ela é uma pessoa incrível, mas tivemos uma fase difícil e ficamos separados. Era um namoro de infância que se transformou em uma relação estável, mas nunca chegamos a casar de fato. E as meninas nasceram dessa união.

Assim, junto com toda a minha rotina profissional, eu tinha que trocar fralda, dar mamadeira, levar e buscar na escola. Ou seja, fazer tudo com elas. No meu escritório, por exemplo, havia um miniplayground para minhas filhas brincarem enquanto eu trabalhava. Era algo corriqueiro, por exemplo, eu trocar as fraldas da Amanda, que tinha poucos meses quando isso ocorreu, em cima da minha mesa de trabalho.

Foi, portanto, um grande desafio nesse período. O meu lado emocional ficou bem abalado. Em seguida, ainda assumi a vice-presidência da Associação Comercial de Caraguatatuba e me dediquei muito. Em paralelo, desempenhei a função de cronista esportivo ao longo de dez anos, de 1995 a 2006. Como sempre gostei de futebol, estudava muito sobre o assunto. Um dia, ao receber o convite de um narrador de uma rádio da minha cidade, fui como convidado; a partir dali, viajei para boa parte do Brasil e diversos países nessa função. E, detalhe, nunca ganhei um centavo. Pelo contrário, até pagava, pois considerava essa atividade um hobby. Assim, aos domingos eu viajava para trabalhar nos jogos de futebol. Tudo isso se acumulou nessa mesma fase – o que, com certeza, gerou dispersão. Hoje, percebo que o meu foco se desviou de algumas coisas, colaborando para aquela situação de dificuldade nos negócios.

> "Seja bem-intencionado, entregue com qualidade, tenha foco em beneficiar os outros; assim, mesmo que sem intenção financeira, você receberá oportunidades."

TENTAÇÕES E APRENDIZADO

Durante a pior fase, quando estava sem dinheiro algum, ocorreram duas situações que serviram para a minha reflexão e aprendizado e que quero compartilhar contigo. Certo dia, um amigo ligou na minha casa para me oferecer uma vaga na área de marketing da empresa dele. Era uma proposta de trabalho muito boa: o salário era em torno de R$ 15 a R$ 20 mil, havia carro da empresa e benefícios como plano de saúde e de previdência. O mais curioso é que quem atendeu ao telefone e falou inicialmente com esse amigo foi a minha mãe, que me deu o recado.

Quando retornei a ligação, ela estava ao meu lado, querendo ouvir tudo. Conversamos um pouco, eu agradeci a oportunidade, mas não aceitei o emprego. Ele ainda disse: "Sabia que você não ia aceitar, mas é o que posso fazer para te ajudar". Quando desliguei o telefone, minha mãe me deu um tapa na cara e falou: "Você está recusando uma grande oportunidade. Nós estamos sem dinheiro para comprar comida, com a luz cortada, tomando banho gelado e no escuro". Lembro que respondi: "Mãe, Deus não me fez para ser empregado. Deus me fez para empregar". Ela discutiu comigo e, entre outras coisas, falou: "Você e esse seu Deus…".

Veio um segundo convite e confesso que com esse balancei. Naquela época, me ofereceram um posto de gasolina por meio de uma grande empresa da área de combustíveis. Para o empreendimento, eu precisaria ter apenas capital de giro – era o equivalente a ganhar o posto. Até ali, aquilo era a única coisa que eu sabia fazer na vida. Também era um empreendimento e uma oportunidade. Diante disso tudo, aceitei; depois, porém, em oração, Deus deixou muito claro para mim que não era para ter aceitado e que aquele meu ciclo tinha se encerrado.

Liguei, então, para a empresa que havia me oferecido o posto e lhes avisei que desistira da proposta. Alguns anos depois, soube que a pessoa que pegou aquele posto o vendeu por cerca de R$ 9 milhões. E eu recusei aquilo, mesmo sem ter nada em vista. E fui aceitar o improvável, como veremos mais adiante. Mas sempre fazendo o quê? Obedecendo aos comandos de Deus na minha vida. Se não tivesse feito isso, eu teria aceitado logo de cara aquele primeiro emprego, e com certeza não teria ficado milionário. E hoje também não seria quem eu sou nem estaria onde estou.

Sobre o emprego em marketing, talvez eu chegasse a diretor de empresa, caso tudo desse certo. Já a proposta do posto, eu considerei bem mais difícil de recusar, pois era exatamente aquilo que eu sabia fazer, o que eu amava naquela época, onde cresci. No entanto, recusei. Qual foi a minha reflexão? O diabo nunca vai lhe enviar algo com aparência ruim, claramente desagradável. Pelo contrário, ele vai testá-lo nas coisas boas e das quais você gosta. Porque se fosse fazer isso com coisas ruins, ninguém cairia na conversinha dele. É assim que ele vai oferecer algo.

CHEGA O IMPROVÁVEL

Esse período ruim durou quatro meses. Depois disso, já comecei a respirar. Consegui uma renda mensal de R$ 6 mil a R$ 7 mil com marketing multinível, algo que eu nem sabia que existia. Este é um ponto importante. Nunca havia ouvido falar disso, mas foi o modo pelo qual recomecei. Conhecia a Herbalife apenas de nome, mas não sabia que aquilo era uma oportunidade de negócio. Aprendi ali. A partir daí, as coisas começaram a acontecer bem rapidamente. O trauma maior havia ficado para trás.

Como o marketing multinível surgiu na minha vida? Estava em um shopping e encontrei uma conhecida que tinha participado de um treinamento que eu também havia feito. Naquela época, jamais imaginava que eu iria dar treinamentos. E ela mostrou para mim um *shake* que estava vendendo. Após conversarmos um pouco, ela disse que eu também deveria vender aquele produto e emendou com uma pergunta-chave: "Você quer ser rico?". Quando ouvi aquilo, minha atenção foi totalmente atraída. Quis saber mais.

Ela explicou mais sobre o produto e me propôs um desafio: "Se conseguir vender agora um *shake* desses, você vai ficar rico". Pedi mais algumas informações, quando, em seguida, vi um conhecido meu na praça de alimentação do shopping. Ele estava um pouco acima do peso e sabia que queria emagrecer. Perguntei à vendedora o preço do *shake*. "Custa R$ 67", ela disse. Fui em direção ao meu conhecido, mas não mostrei a embalagem do produto a ele de imediato. E o abordei:

— Olá, irmão, tudo bem? Você já tomou o produto hoje?

— Oi, Navarro, tudo bem. Que produto? — ele quis saber.

— O produto, ué?! Você não sabe que produto?

— Não. Do que você está falando? — ele indagou, com curiosidade.

— Não acredito que você não tomou o produto hoje. Todo mundo está tomando e você não está sabendo de nada.

— Não! O que é? — ele repetiu.

— Ah, tenho certeza de que você não tomou. Se soubesse do que estou falando, com certeza estaria comendo coisas mais saudáveis... — brinquei.

Ele riu e quis saber do que eu estava falando. Foi quando mostrei o *shake*, que havia mantido em um saquinho sem que ele pudesse vê-lo. E fui adiante:

— É este aqui. Todo mundo está tomando e emagrecendo. E só falta você.

— E quanto custa este negócio aí? — disse ele, interessado.

— São R$ 67.

No mesmo momento, ele abriu a carteira e me deu o dinheiro. Conversamos mais um pouco, me despedi e voltei ao local onde estava a vendedora dos *shakes* para lhe entregar o dinheiro. No entanto, ela não aceitou e disse que o dinheiro era meu, pois eu havia feito a venda. Meu primeiro instinto, então, foi tentar fazer um acordo para que eu ficasse apenas com o lucro da venda, mas mesmo assim a moça não aceitou. Ela me disse que eu deveria ajudar outras pessoas e que o que eu havia praticado anteriormente deveria repetir com os outros.

E foi assim que começou a minha virada.

Por isso, digo que tive discernimento de que aquela proposta do posto de gasolina não era algo que vinha para o meu bem. Era bom demais, mas não era uma oferta de Deus, pois Ele tinha reservado algo muito maior na minha vida. No entanto, alguém pode pensar: *Muito maior? Você recebeu um shake de R$ 67, valor que não dá nem para fazer uma grande compra de supermercado.* É verdade, mas foi com aquilo que recuperei minha autoestima, minha saúde e minha vontade de vencer, e cheguei aonde estou. Tenho certeza de que, se pegasse o posto, eu estaria fazendo a maior besteira.

Algum tempo após aquele golpe que me deixou com dívidas e sem dinheiro até para pagar a luz ou comprar comida, eu já estava novamente com R$ 1 milhão na minha conta bancária. Sabe quanto tempo depois? Apenas catorze meses. Minha experiência no marketing multinível durou sete meses. Depois de ter minha vida restaurada graças à Herbalife, me empenhei ao máximo. Era como se um tigre houvesse voltado. Empreendi, desenvolvi treinamentos voltados à vida saudável e metas. Nesse processo, emagreci 25 kg e fiquei rico. Acredito que somos resultado do que fazemos e ganhamos o que merecemos. Nem mais nem menos. Deus jamais deixa um dizimista fiel passar fome. Após ter passado por esses altos e baixos, cheguei à conclusão de que precisava desenvolver uma estratégia para que eu nunca mais tivesse problemas financeiros. Para viver com prosperidade. Uma vida abundante. E foi o que fiz.

E, algum tempo depois de estar trabalhando com o marketing multinível, desenvolvi a Ciência da Riqueza, um método que iremos detalhar nos próximos capítulos. De modo geral, ela consiste na criação de fontes de renda variadas, na formação de Múltiplas

Inteligências, na geração de ativos e passivos e no estabelecimento de um plano de segurança, independência e liberdade aliado a um colchão financeiro. Tudo isso, sobre o que iremos tratar mais adiante, vai ajudar as pessoas a terem dinheiro e discernimento para conquistar sua liberdade financeira.

Atualmente, tenho alguns negócios, entre os quais o mais famoso é o Instituto de Coaching Financeiro (ICF), em que formamos coaches especializados em como lidar com o dinheiro e oferecemos formação em programação neurolinguística (PNL) e em life coaching. Além disso, entre outros cursos, temos programas voltados para quem queira quebrar crenças limitantes ou precise superar o medo de falar em público.

Tenho ainda um escritório de investimentos, um negócio que criei em 2011 para prestar serviço a uma grande empresa do setor financeiro. Sou contratado para realizar investimentos para eles. No escritório, meu investimento inicial foi de apenas R$ 286. Também montei uma livraria, a Semente, em que não houve investimento algum. Apenas busquei parceiros para estruturá-la no início. Criei ainda a Corner Stone, nossa empresa de produtos digitais, em que o investimento inicial foi zero.

No ICF, um negócio que atualmente vale mais de R$ 30 milhões, o meu investimento inicial foi de R$ 14,90, valor que paguei para hospedar um site, que eu mesmo montei. Lembro que, na época, fiz uma lista com dez contadores no Rio de Janeiro, cidade onde o instituto começou, conversei com todos e selecionei um deles. Negociei o seguinte: ele pagaria as taxas de abertura das empresas junto à Prefeitura e me daria uma isenção da mensalidade de seis meses. A partir do sétimo mês, eu pagaria a ele. Em contrapartida, garanti que trabalharia com ele por, no mínimo, dois anos. Fizemos isso e trabalhamos juntos por oito anos.

Em nenhum dos negócios que tenho atualmente investi mais do que R$ 500, e hoje são todos multimilionários. Isso faz parte da Ciência da Riqueza, desenvolvida por mim. Por essa técnica, eu não coloco dinheiro no negócio e ele tem que se tornar milionário em, no máximo, dois anos. Com todos que fiz, deu certo nos últimos dez anos. Por tudo isso, sei quando algo tem potencial de dar certo ou errado no que se refere a finanças. Minha trajetória me ensinou.

O SONHO DE CONSUMIR TIRA A PAZ DE MUITOS

Vamos voltar à realidade do Brasil. A verdade é que um trauma foi gerado na sociedade, pois, de repente, o sonho de consumo de muita gente se tornou pesadelo. Como na cultura brasileira sempre foi difícil o acesso ao crédito e as taxas de juros eram estratosféricas, no momento em que o governo facilitou um pouco esse caminho e derrubou o custo do dinheiro houve uma corrida desesperada das pessoas para consumir.

Para se ter ideia, em março de 2003, nos primeiros meses do mandato inicial do governo Lula (2003-2010), a taxa Selic era de 26,5% ao ano.[3] Um ano depois, em abril de 2004, já havia caído para 16% ao ano. No início do segundo mandato, em abril de 2007, caiu para 12,5% ao ano. E durante nove meses, de 2009/2010, na reta final do governo Lula, atingiu 8,75% ao ano. A fórmula se repetiria ao longo do governo Dilma (2011-2016), com a Selic chegando a 7,25% ao ano de outubro de 2012 a abril de 2013. No entanto, em agosto de 2016, quando Dilma sofreu impeachment e deixou o governo, entregou ao sucessor, Michel Temer, uma taxa Selic de 14,25% ao ano.

O reflexo desse período de incentivo ao consumo em decorrência de taxas de juros mais baixas foi, entre outros, os seguintes pensamentos de muitos brasileiros: *Agora eu posso viajar. Posso ter*

---

[3] Informações obtidas em: BANCO CENTRAL DO BRASIL. *Taxas de juros básicas – Histórico*. Disponível em: https://www.bcb.gov.br/controleinflacao/historicotaxasjuros. Acesso em: dez. 2019.

um carro. Posso ter minha casa. Vou fazer meu curso de inglês. Vou me matricular na academia. Coloco meus filhos na escola particular. Compro roupas novas. Podemos dizer que foi uma verdadeira festa. Eu chamaria de "a festa do despreparo". Despreparo dos consumidores brasileiros, mas fruto da irresponsabilidade de uma política de governo que favoreceu o consumo sem criar oportunidades e estabilidade econômica, sem especializar e capacitar ninguém. O resultado foi o endividamento. Muita gente entrou nessa, consumiu, se endividou e se prejudicou demais.

No entanto, a situação se complica, pois estamos falando de dívidas de longo prazo, algo que dificulta a solução para as famílias. E o que torna tudo ainda mais grave: foram medidas em nome de um crescimento econômico que, como todos veriam depois, era fantasioso. Em um país como o Brasil, onde boa parte da população espera coisas do governo, isso é um verdadeiro tiro no pé. Pior: no nosso pé, não no dos que estão à frente do governo.

Costumo dizer sempre que a pior coisa que pode acontecer para alguém endividado é passar a ter mais dinheiro. Por quê? Veja, o indivíduo não está endividado porque tem pouco. Ele tem dívidas, pois não sabe administrar o que tem. E quem não sabe administrar R$ 1 mil não vai saber administrar R$ 100 mil. Portanto, quando a pessoa passa a ter mais, mas seu perfil é de alguém endividado, ela só vai conseguir aumentar as próprias dívidas, uma vez que a compulsão por consumir vai aumentar também. Pela minha experiência, pouquíssimos que passam a ter mais dinheiro conseguem eliminar suas dívidas. A maioria só aumenta as que já possui.

É claro que não estou dizendo que não podemos ter tudo isso. É possível, sim, desde que seja com planejamento, estrutura, geração de renda e produtividade. É nesta tecla que eu sempre bato. Afinal, tudo tem seu tempo debaixo do sol, certo?

NOVOS CAMINHOS

Com as dívidas rondando o sono de mais de seis em cada dez lares do país (65,1%),[4] muitas famílias se viram obrigadas a buscar novas fontes de renda com urgência. Sobretudo porque o desemprego entre os brasileiros tornou-se um fantasma muito presente, saltando de uma taxa de 6,5% para 12% em 2016,[5] o que significava 12,3 milhões de pessoas desocupadas no final daquele ano.[6] Para sobreviver, foi preciso trilhar novos caminhos, entre eles o marketing multinível, o marketing de relacionamento, o marketing digital ou a oferta de serviços via aplicativos, como o Uber, por exemplo.

Devemos dizer que as oportunidades geradas nesse período foram uma bênção para muitos. O marketing de relacionamento cresceu como nunca, sendo que a grande maioria de quem entrou para o sistema tinha nele sua única fonte de renda. O marketing digital também gerou um movimento inédito no Brasil: o surgimento dos produtores de conteúdo que são remunerados por isso, algo impensável alguns anos atrás.

Ainda pelos meios digitais, vários empreendedores passaram a oferecer produtos e serviços e, com isso, a faturar milhões de reais. Excelentes modelos de negócio foram criados, enquanto outros desapareceram. Aplicativos geraram oportunidade de ganhos a muitos. Em todas essas áreas, muitas pessoas buscaram uma forma de conseguir dinheiro para pagar as contas. Como esses ramos

---

[4] Para saber mais, consulte: PERCENTUAL de famílias com dívidas volta a subir em novembro. *CNC*, 12 abr. 2019. Disponível em: http://cnc.org.br/editorias/economia/noticias/percentual-de-familias-com-dividas-volta-subir-em-novembro. Acesso em: 19 dez. 2019.

[5] Dados obtidos em: PNAD Contínua: taxa de desocupação é de 11,8% e taxa de subutilização é de 24,6% no trimestre encerrado em julho de 2019. *Agência IBGE Notícias*, 30 ago. 2019. Disponível em: https://agenciadenoticias.ibge.gov.br/agencia-sala-de-imprensa/2013-agencia-de-noticias/releases/25315-pnad-continua-taxa-de-desocupacao-e-de-11-8-e-taxa-de-subutilizacao-e-de-24-6-no-trimestre-encerrado-em-julho-de-2019. Acesso em: 12 jan. 2020.

[6] Informação obtida em: CURY, A. Desemprego fica em 12% no 4º trimestre de 2016 e atinge 12,3 milhões. *G1*, 31 jan. 2017. Disponível em: https://g1.globo.com/economia/noticia/desemprego-fica-em-12-no-4-trimestre-de-2016.ghtml. Acesso em: 12 jan. 2020.

> **"O marketing digital também gerou um movimento inédito no Brasil: o surgimento dos produtores de conteúdo que são remunerados por isso."**

até então não eram o negócio de muitas delas, algumas se encontraram, outras ainda não.

Em outra frente, quem começou a ter mais dinheiro nos últimos anos muitas vezes não sabe como investir. Por não ter segurança, sentem-se desprotegidos e morrem de medo de que a onda que lhes trouxe recursos acabe. Não sabem, porém, como dar o próximo passo. É compreensível; afinal, o novo muitas vezes é acompanhado de receio. A recente quebra financeira de muita gente no país respinga no emocional de outros tantos.

MEDO DE INVESTIR, RECEIO DE MUDAR

Olhe ao redor e reflita: quantas marcas e quantos *players* em diversos segmentos deixaram de existir? Por que isso acontece? Um erro comum que muitos cometem é o de concentrar investimentos. Em geral, investem todos os recursos no próprio negócio. Falta planejamento, mas, antes disso até, falta conhecimento de como fazer corretamente.

Mesmo os mais estabilizados, seja no aspecto emocional ou no profissional, demonstram dificuldades para lidar com dinheiro. Não sabem investir ou estão nas mãos de bancos, nos quais pagam taxas altas, por medo de ir a outro agente de investimento, como as corretoras e as fintechs. Ou seja, por receio de que seus recursos desapareçam. A falta de conhecimento os impede de tomar melhores decisões.

"O medo de perder tira a vontade de ganhar",[7] repete o técnico Vanderlei Luxemburgo para incentivar os jogadores sob o seu comando antes de uma partida decisiva.

E ele está certo. Afinal, o medo aprisiona as pessoas, que, por segurança, resolvem permanecer onde estão, imobilizadas. O pensamento nesses casos é: *Eu sei que as coisas não estão boas, mas não estão tão ruins a ponto de eu mudar.* Entretanto, como saber de fato se a situação não está tão ruim a ponto de exigir mudança?

Quando não temos conhecimento sobre um assunto, como finanças, por exemplo, qualquer um que se apresenta como especialista nessa área se passa por inteligente. Como sempre digo, porém, os gerentes do banco não são os melhores conselheiros para falar de riqueza e dar dicas, uma vez que eles não costumam ser milionários. Por que muitos recorrem a eles para cuidar de suas economias?

Se estamos falando de investimentos, aliás, não faltam novidades. As fintechs e corretoras chegaram com tudo. Existe ainda um grande número de profissionais no mercado para ajudar: são agentes autônomos de investimento, coaches financeiros ou de investimentos, consultores financeiros. A mídia também está repleta de conteúdo sobre isso. Por exemplo, há muitos youtubers especializados. (Vale aqui um alerta que sempre faço: nesta área, é preciso separar quem sabe do que está falando daqueles que

---

[7] LUXEMBURGO OFICIAL. *O medo de perder tira a vontade de ganhar.* 5 mai. 2019. Facebook: Vanderlei Luxemburgo. Disponível em: https://www.facebook.com/vanderleiluxemburgooficial/photos/a.2111580715734796/2861454360747424/?type=3&theater. Acesso em: 19 dez. 2019.

apenas dão palpites e produzem informação sem conhecerem o assunto de fato.)

E asseguro que ninguém precisa ter medo de que tudo isso acabe. Essa realidade vai crescer muito mais. Na verdade, quem terá de mudar seu método são os bancos tradicionais, para não perder clientes. No cenário atual, só continua pagando altas taxas para banco quem não quer sair de sua zona de conforto ou desconhece totalmente as alternativas existentes.

"No cenário atual, só continua pagando altas taxas para banco quem não quer sair de sua zona de conforto ou desconhece totalmente as alternativas existentes."

CAPÍTULO 2

45 POR QUE VIVEMOS ESSA SITUAÇÃO?
- 47 Crise localizada
- 48 Fatores históricos
- 49 Melhores e piores
- 53 Além do diploma
- 55 Valor x preço
- 57 Coragem para se desafiar
- 58 Meu próprio plano

POR QUE VIVEMOS ESSA SITUAÇÃO?

Já falamos um pouco sobre como um grande número de brasileiros se tornou praticamente refém das dívidas, algo especialmente preocupante em um cenário de desemprego alto. Agora, vamos analisar alguns fatores que nos ajudam a compreender melhor como chegamos a essa situação e os desafios a serem enfrentados diante desse cenário. Você verá que são muitas as razões que explicam o nosso quadro atual.

De início, é preciso dizer que as raízes do desemprego não são provenientes de uma única fonte. Portanto, embora haja uma forte relação com a falta de capacitação, também existem causas diretamente ligadas à economia do país. E digo isso porque, embora o desemprego seja algo que possa assustar muita gente, vemos que as taxas vêm diminuindo.

Há melhora de alguns indicadores nos últimos anos, sobretudo após 2016. No primeiro trimestre de 2017, foi registrada a maior taxa de desemprego do país desde 2012, quando 13,7% da população estava desocupada, o equivalente a 14,2 milhões de pessoas,[8] segundo dados do Instituto Brasileiro de Geografia e Estatística (IBGE). De lá para cá, isso foi mudando e chegamos

---

8 Taxas obtidas em: INSTITUTO BRASILEIRO DE GEOGRAFIA E ESTATÍSTICA. *Séries históricas. Taxa de desocupação, jan-fev-mar 2012 - dez-jan-fev 2020*. Disponível em: https://www.ibge.gov.br/estatisticas/sociais/trabalho/9173-pesquisa-nacional-por-amostra-de-domicilios-continua-trimestral.html?=&t=series-historicas. Acesso em: 28 jan. 2020.

ao trimestre encerrado em novembro de 2019 com uma taxa de 11,2%, a menor registrada desde o trimestre de abril a junho de 2016. E o principal fator para essa recuperação é o crescimento do Brasil.

Toda vez que um país passa por uma recessão existe uma consequente queda no consumo, reflexo direto das dificuldades financeiras que começam a se manifestar. Com isso, todas as empresas sofrem, uma vez que não vendem. E, no que se refere à economia, o coração de qualquer país no planeta é o empresário. Ao não conseguir mais arcar com seus custos de operação, a primeira ação que ele se vê obrigado a realizar é demitir, a fim de manter seu negócio funcionando e não fechar as portas.

Nesse ponto, a coisa se agrava, pois, com mais pessoas sem emprego, ou seja, sem salários, há menos dinheiro disponível. Por falta de recursos, muitas delas não conseguem mais pagar suas contas e o grau de endividamento do país começa a aumentar. Em paralelo, cresce também o desespero, e todo um cenário de pessimismo se forma, o que só faz tudo piorar.

Portanto, a recuperação de vagas de emprego após 2017 é reflexo do crescimento do Brasil. Os empresários voltaram a se motivar e acreditar no país. Negócios foram ampliados e empresas, abertas. Com este ânimo renovado, os resultados positivos aparecem.

O país passou por momentos críticos na economia, mas foram feitas reformas, como a trabalhista, que ajudaram a reverter em parte aquele quadro. Existem muitas outras reformas a serem concluídas ou realizadas. Estamos no caminho. Além disso, iniciativas, como políticas de incentivo ao empreendedorismo, a liberação de parte do Fundo de Garantia do Tempo de Serviço (FGTS), e mudanças nas regras das contribuições sindicais, por exemplo, colocaram mais dinheiro no bolso dos trabalhadores.

Com mais dinheiro em circulação, o consumo volta e as empresas começam a contratar. Os mecanismos utilizados para incentivar a economia emitem sinais de que funcionaram. Trata-se de um movimento ainda lento. Creio, no entanto, que esse crescimento pode explodir nos próximos anos.

CRISE LOCALIZADA

Um ponto adicional que precisa ser ressaltado é que a crise mais recente que vimos no Brasil não foi sistêmica, ou seja, não foi generalizada em todo o país. Foi algo mais localizado em alguns estados, como Rio de Janeiro e Rio Grande do Sul. Em São Paulo e Santa Catarina, por exemplo, a crise aconteceu com menor intensidade e em grande parte para quem não havia se preparado para um momento de emergência. Portanto, não devemos afirmar que foi uma crise financeira, o que cheguei a ouvir em alguns noticiários, demonstrando certo desconhecimento do assunto.

Em uma crise financeira, como ocorreu na Grécia ou Argentina, há falta de liquidez, e o governo e os bancos sequer têm dinheiro para colocar em circulação. Ou seja, a pessoa vai sacar uma quantia, mas o banco não tem como entregar, uma vez que o dinheiro sumiu.

No Brasil, pelo contrário, além de os bancos terem registrado recordes sucessivos de lucro nos últimos anos, se você for retirar R$ 1.000, por exemplo, além da quantia desejada, o banco ainda vai te oferecer mais dinheiro emprestado. Portanto, se está sobrando dinheiro, que crise é essa? Logo, não se configura como uma crise financeira.

Outro aspecto é que, em uma crise financeira, o governo passa a não pagar o funcionalismo público e interrompe as obras. E não foi isso que ocorreu no país como um todo. A importância de contextualizarmos isso é para evitar as confusões feitas em relação às crises que tivemos. Ela foi política, de gestão ou relacionada à corrupção, mas não um colapso generalizado na economia.

FATORES HISTÓRICOS

Falamos da economia, mas, ao longo de nossa história, também existiram questões culturais que contribuíram para certa falta de iniciativa de algumas pessoas em não buscar capacitação. Muitos acreditam que o governo vai fazer as coisas e esperam por isso. Trata-se de uma característica que encontramos em uma parcela da população.

Também não podemos ignorar que, desde o início, a colonização do país não buscou trazer fartura e bênçãos para o Brasil. Pelo contrário, tratava-se de colonizar a terra para explorar as riquezas e levá-las embora daqui. Nos Estados Unidos, que foram descobertos praticamente na mesma época que nós e também são um país de enorme território, em vez de explorar, a colonização buscou levar educação e fé. O que ocorre é que, na comparação, a riqueza deles é bem superior à nossa.

> "No que se refere à economia, o coração de qualquer país no planeta é o empresário."

Outro fator que explica a parcela que ainda não busca capacitação é que o Brasil tem uma democracia relativamente recente, de 1985 para cá. Durante os anos 1960 e 1970, não havia muita conscientização da importância de se capacitar. Soma-se a isso certa instabilidade, pois, sem democracia, a população não sabia como o regime avançaria. Após esse período, vivemos os anos de hiperinflação.

Somente a partir dos anos 1990, portanto, o cenário muda. Primeiro, com o processo de abertura do Brasil e a chegada de diversas multinacionais, o que gerou muitos empregos, mas exigiu mão de obra qualificada. Depois, graças à estabilidade da moeda, a partir do Plano Real, em 1994. Esses dois fatores favoreceram um melhor planejamento das pessoas, que se conscientizaram sobre a necessidade de ter mais capacitação. Ou seja, ainda é um processo novo.

O resultado disso tudo foi mais gente se preocupando em buscar MBA ou capacitação técnica, aqui ou fora do país. Bem mais recentemente, com a internet e, depois, com as mídias sociais, todos passaram a ver que alguns profissionais se destacavam em suas áreas e começaram a almejar esse sucesso. Dessa maneira, aumentou a procura por cursos e treinamentos elaborados por essas pessoas de destaque. Em contrapartida, há quem não acredite em si mesmo e ache que tudo isso é balela. Outros, ainda, pensam que Deus proverá tudo. Sem capacitação, saiba, nada vai acontecer.

MELHORES E PIORES

Feita a ponderação sobre o cenário econômico recente e as questões históricas por trás dele, vamos refletir a respeito da capacitação das pessoas. Qual sua relação com a perda de emprego? Imagine que você tenha uma empresa com dez vendedores e, diante de um momento de crise ou uma situação difícil, se veja forçado a demitir três funcionários para manter as contas e não operar com prejuízo. Olhando para a sua equipe, quem você vai escolher: os três piores ou os três melhores vendedores? Você é inteligente, certo? Portanto, demitirá os três piores.

Conclusão: na esmagadora maioria dos casos, é possível dizer que quem é demitido está na lista dos piores diante dos seus pares na função que desempenhava. Funcionário bom ninguém manda embora. Pelo contrário, você vai procurar um modo de aumentar o salário dele, sempre que possível. Em geral, a empresa demite o indivíduo que está dando trabalho ou que não está gerando o resultado esperado.

Dessa forma, ao excluirmos os casos em que a demissão é resultado do fechamento da empresa, muitos ficam sem emprego em razão da falta de preparo. Quando ela somente diminuiu o quadro, podemos dizer que aqueles que perdem sua ocupação estão na lista dos piores. Isso em termos de capacitação. No momento em que conseguirem mudar e passarem a entregar melhores resultados, não vão correr o risco de perder emprego. E, caso percam, terão outra porta aberta em seguida. Por tudo isso, a capacitação deve vir sempre em primeiro lugar, uma vez que é a forma como as pessoas podem se prevenir contra a perda de emprego.

Algumas características ajudam quem procura por uma recolocação. O candidato a uma vaga deve sempre ter informações precisas das empresas e setores que estão contratando. Ele também tem de se manter atualizado a respeito das necessidades que devem ser atendidas. Sempre com foco no futuro.

Ter networking é extremamente importante. As pessoas devem lembrar de você para te avisar ou te considerar para uma nova oportunidade existente. Quantas vezes, ao falar com um amigo, você não fica sabendo por ele que determinada empresa está contratando?

Quem estiver fora do mercado por um tempo deve buscar se qualificar, por meio de cursos técnicos ou treinamentos. É preciso sempre estar em movimento. Se você ficar dentro de casa, nada vai acontecer. Deve-se estar na rua, mas não somente perambulando e distribuindo currículos. Invista na sua capacitação. É justamente nos locais que oferecem qualificação e capacitação que as empresas buscam muitos de seus profissionais.

Se estamos avaliando as razões para tantos estarem sem ocupação, precisamos falar de algumas características específicas daqui. Ao olhar hoje o país, vemos bastante desemprego, mas digo que não falta trabalho. Na minha empresa, por exemplo, em março de 2020 havia duzentas vagas para o cargo de agente autônomo de investimentos, outras vinte para vendedor, uma para videomaker e uma para a área de marketing. Também sei que há vagas nas empresas de todos os meus amigos.

Conheço quem tenha mais de cem vagas abertas. Aliás, não conheço nenhum empreendedor que não esteja contratando. Só que não encontramos quem preencha as vagas: falta capacitação. Ou seja, o indivíduo não se preparou e quer emprego. Diante disso, reforço que ele não quer trabalho, já que não tem nada para entregar.

Em outros casos, ao ser entrevistado e questionado sobre o que sabe fazer, o candidato à vaga responde: "Qualquer coisa que você me arrumar". Se falou algo assim, está fora. Como é que uma empresa vai contratar alguém que quer fazer "qualquer coisa"? Não dá! As empresas precisam de especialistas. Em marketing, em administração, em apertar parafuso, que seja. O mercado requer gente cada vez mais especializada.

Há, no entanto, uma infinidade de indivíduos que não são especializados em nada. Eles, infelizmente, não vão arrumar emprego. Podem conseguir apenas vagas de pouca qualificação, pois qualquer ocupação que exija mais somente será conquistada por quem tenha se capacitado à altura. Existe muita gente que está desempregada há quatro ou cinco anos, mas ainda não aprendeu que precisa buscar isso.

Lembro que há alguns anos, quando a taxa de desemprego no Brasil estava baixa, conversei com a diretora de uma rede de supermercados do Rio de Janeiro e ela me disse que não encontrava mão de obra qualificada para contratar. Em contrapartida, muita gente sem preparo algum conseguia uma vaga como empacotador ou manobrista do estacionamento, pois era o que a pessoa conseguia desempenhar.

Nesse cenário, havia muitas reclamações de clientes, uma vez que a qualidade do serviço obviamente piorava. Os índices de permanência desses funcionários também eram baixos, pois muitos saíam do emprego após pouco tempo, sempre que surgia outra vaga um pouco melhor em outro lugar.

Quando uma recessão chegou, essas pessoas sem qualificação foram as primeiras a serem demitidas. Quem não buscou se capacitar no período em que estava trabalhando não conseguiu manter seu emprego. É como se não tivessem preocupação alguma com o futuro, quando tinha um emprego.

Muitos parecem apontar o governo como o único culpado pelo desemprego, mas quem se capacita tem mais chances de se recolocar ou de não perder sua vaga. Portanto, a pessoa tem que assumir a responsabilidade por isso também. Recessões são cíclicas. Logo, sempre devemos buscar a melhoria para não correr alguns riscos diante delas.

Boa parcela da população não vê isso. Inicialmente, deve partir do governo um trabalho de conscientização nesse sentido. É preciso que sejam proporcionados cursos de capacitação, de empreendedorismo ou outros treinamentos para o maior número de indivíduos. Outra iniciativa é utilizar o chamado sistema S (como Sesi, Senai, Senac, Sebrae etc.) para ampliar essa oferta ou abrir mais colégios com ensino técnico.

Acredito que as igrejas também tenham grande relevância nesse trabalho. Somos um país em que mais de 80% da população é composta por cristãos evangélicos ou católicos;[9] portanto, as igrejas comandam boa parte do Brasil. Elas têm um papel importantíssimo na educação e muitas já fazem algo nesse sentido, mas há espaço para que ofereçam a seus membros mais treinamentos e cursos técnicos, como de educação financeira, por exemplo.

Isso seria até uma forma inteligente de atuar, uma vez que o dízimo que a igreja recebe vem do fiel. Quanto mais pessoas

---

9 Dados obtidos em: 50% DOS BRASILEIROS são católicos, 31%, evangélicos e 10% não têm religião, diz Datafolha. *G1*, 13 jan. 2020. Disponível em: https://g1.globo.com/politica/noticia/2020/01/13/50percent-dos-brasileiros-sao-catolicos-31percent-evangelicos-e-10percent-nao-tem-religiao-diz-datafolha.ghtml. Acesso em: 28 fev. 2020.

empregadas e com melhores salários, naturalmente essa fonte de receita também cresce. Tenho certeza de que a educação no Brasil vai melhorar por meio do trabalho das igrejas, até mais do que pela ação dos governos.

Vemos universidades de destaque como a Pontifícia Universidade Católica (PUC) ou o Mackenzie, da Igreja Presbiteriana, ou os colégios ligados às igrejas Batista ou Adventista, que oferecem educação de qualidade. Quanto mais esse acesso for multiplicado, mais perto estaremos da mudança na educação, com a capacitação de mais e mais pessoas.

ALÉM DO DIPLOMA

Fazer cursos, participar de treinamentos para ser cada vez melhor e ter esperança de uma vida abundante. Nesse sentido, tudo está ligado à capacitação. Pense em alguém formado, por exemplo, na Fundação Getúlio Vargas (FGV), no Mackenzie ou em Harvard. São todas grandes universidades. Um indivíduo com um currículo assim, poderoso, fica desempregado? Na minha visão, só se quiser.

Uma pessoa com tal currículo pode até ficar sem emprego, caso demonstre ter fraquezas na hora de agir. Afinal, existem aqueles que são bons para estudar, tiram excelentes notas em provas, mas, ao serem exigidos, não conseguem executar determinada tarefa. Nessas circunstâncias, possuem conhecimento, mas não têm preparo.

Por vezes, há quem acredite que somente uma faculdade renomada já seja garantia de êxito na carreira. Pode significar a conquista de um primeiro emprego, mas, dali em diante, pode não ser suficiente, uma vez que você será avaliado pelo resultado que entregar.

Por tudo isso, as pessoas deveriam parar de apenas pensar em arrumar emprego e passar a considerar conseguir trabalho. O que isso significa? Preocuparem-se em ser as primeiras a chegar em um lugar, as últimas a sair e a entregar o melhor resultado dentre todos que trabalham ali. Ao fazer isso, lhe garanto, vão prosperar, serão bem remuneradas e nunca ficarão desempregadas.

Há ainda a seguinte situação. O indivíduo nos pede emprego e perguntamos: "O que você trouxe para agregar à empresa?". Ele, porém, não tem o que mostrar, pois está somente pedindo emprego. Não tem resultados do próprio trabalho para apresentar nem o que acrescentar. No Brasil, insisto, existe o hábito de procurar emprego, mas de não querer trabalho.

É preciso entender que empresa é algo para dar lucro. Então, se você é funcionário de uma empresa e seu salário é de R$ 3 mil por mês, você tem que trazer R$ 30 mil para a empresa. Não dá para ficar fazendo figuração. Quem não trouxer, está na rua. A empresa não pode pagar salário por caridade. Nem ONG faz isso. Mostre produtividade (algo que nem todo mundo que busca emprego faz).

A pessoa busca trabalhar quarenta e quatro horas semanais e quer saber dos benefícios. Já chega perguntando quanto vai ganhar, sobre vale-refeição, transporte, alimentação, seguro etc. Procura o emprego de acordo com os benefícios. Já quem quer trabalho busca emprego de acordo com os desafios que vai enfrentar.

> **"Quanto mais esse acesso for multiplicado, mais perto estaremos da mudança na educação, com a capacitação de mais e mais pessoas."**

As novas gerações já perceberam isso. No passado, quem permanecesse dez anos no mesmo emprego era bem-visto. Você olhava para a Carteira de Trabalho do candidato e se admirava caso ele tivesse vinte anos de trabalho ou passagem por apenas duas ou três empresas. Em contrapartida, alguém que tivesse trabalhado em quinze empresas no período de dez anos não era visto com bons olhos. Esse conceito mudou. Hoje é diferente: os mais jovens buscam experiências.

Faz sentido, portanto, trabalhar seis meses ou um ano em um lugar para adquirir experiência e sair. O mais importante é encontrar, no trabalho, um propósito. Os jovens buscam empresas que estejam alinhadas com isso.

VALOR X PREÇO

Outro conceito que costumo enfatizar é que existem pessoas de preço e de valor. O que é isso? Dou um exemplo: imagine um indivíduo que está trabalhando em uma determinada empresa e nela seu salário mensal é de R$ 8 mil. Após algum tempo, no entanto, ele fica sabendo de uma vaga em outra companhia que está pagando R$ 10 mil mensais. Diante disso, busca aquela vaga e vai trabalhar lá, porém, poucos meses depois, uma terceira firma o procura e lhe oferece salário mensal de R$ 12 mil. E ele novamente troca de empresa. Esse é alguém de preço.

Não estou desvalorizando esse perfil, pois entendo que devemos buscar o que julgamos ser o melhor para nós. Portanto, a pessoa do exemplo anterior, ao olhar para a família, para o padrão de vida que leva, considera o preço, ou seja, o salário, como a coisa mais importante para tomar a decisão de mudar de emprego. No entanto, o que quero enfatizar é que nesse ponto existe uma diferença conceitual entre os dois tipos de profissional.

Então, como pensa alguém de valor? Bom, ele vai avaliar o ambiente, as oportunidades que poderá ter na empresa, os relacionamentos, o que vai além do mero salário no final do mês. Quem vem por preço, vai por preço. Isso é algo que um empreendedor tem que entender e levar em consideração na hora de contratar.

Para certos cargos em alguns negócios meus, portanto, eu sempre ofereço aos candidatos menos do que o salário atual no emprego deles ou no último em que trabalharam. Por quê? Dou um exemplo. Uma pessoa trabalhava em um escritório de investimentos, no qual seu salário, em média, chegava a R$ 15 mil por mês. E ela veio até uma das minhas empresas, pois disse que queria trabalhar lá. Ao saber do salário dela, eu lhe disse que o nosso seria de R$ 12 mil mensais. Ao ouvir isso, ela tomou um susto.

Bom, quando alguém quer trabalhar comigo, preciso saber se está vindo por acreditar em um projeto ou apenas por um salário no final do mês. Se ele acredita, sei que vai trazer resultado à empresa e, com isso, também terá um bônus. No entanto, se a mudança for motivada apenas por um salário maior, já descarto imediatamente, pois não é o perfil que procuro.

Certa vez, a gerente de um grande banco nos procurou, mas na entrevista não perguntei o salário dela lá. Pelo contrário, fiz questão de enfatizar que não queria saber quanto recebia, mas lhe oferecia R$ 1.000 a menos do valor, caso ela quisesse aceitar minha proposta. Ela aceitou. Pois bem. O salário dela era de R$ 6 mil por mês no banco, valor que ela conseguiu logo no primeiro mês conosco. Somente um ano depois, porém, ela já fazia R$ 21 mil mensais, contando com salário e bônus.

Como isso aconteceu? Ela acreditou em si mesma, confiou na própria competência e capacidade. Percebeu que no banco havia um salário fixo maior que o que lhe ofereci, mas não existia oportunidade de crescimento. Era algo que lhe limitava. Tanto é que, em média, essa moça segue fazendo R$ 21 mil por mês conosco.

Claro, isso não vai funcionar para todas as funções e nem para todas as pessoas. Entretanto, a meu ver, em diversos casos a meritocracia é o segredo. Dará certo para quem acredita em si mesmo e crê ter competência para entregar um trabalho melhor. Também se aplica àqueles que entendem que estão sendo desvalorizados em seus atuais empregos, mas acreditam na própria capacidade.

Já para quem não tem confiança em si e acha que está sendo explorado pelo patrão, isso não vai funcionar, porque demonstra ter medo de sair dali para encontrar coisa melhor. Está em busca de um milagre. O que provavelmente vai ocorrer, porém, é que em pouco tempo será demitido. Perderá o emprego, porque não buscou agregar valor à empresa.

> **"O mais importante é encontrar, no trabalho, um propósito. Os jovens buscam empresas que estejam alinhadas com isso."**

CORAGEM PARA SE DESAFIAR

Sobre esse tema, costumo contar a história de um amigo meu que buscava um trabalho, pois o pai tinha morrido e ele precisava ajudar a mãe. Jovem, começou a bater na porta das empresas, mas não conseguia uma vaga, pois não tinha capacitação. Foi quando começou a procurar um cargo de vendedor e chegou a uma empresa que estava com seu quadro completo. Qualquer pessoa medíocre ouviria o "não" e iria embora. Ou, se soubesse antes que não havia vaga, nem se arriscaria a ir ao local. No entanto, isso não o abalou.

Ele procurou o próprio dono da empresa, que lhe explicou não estar precisando de ninguém naquele momento. Meu amigo, porém, insistiu e fez uma proposta ao dono: "Poxa, me dê uma oportunidade, pois preciso muito. Podemos fazer assim: vou trabalhar por quinze dias para você; se não ficar entre os seus três melhores vendedores, nem volto mais e você não precisa me pagar nada. Se ficar entre os três, você me contrata".

Diante disso, o dono da empresa aceitou, pois viu que aquele jovem desafiou a si mesmo. Passados os quinze dias, meu amigo foi o melhor vendedor entre todos e ficou. Ele foi com tudo, teve fé e acreditou em si, pois sabia que podia, mesmo nunca tendo trabalhado em outro lugar. Anos depois, chegou ao cargo de diretor daquela empresa. Só não permaneceu por mais tempo porque decidiu empreender. As pessoas precisam se esforçar e não ter medo de correr riscos.

O profissional de hoje é aquele que trabalha de qualquer lugar, a qualquer hora. Sem tempo ruim. Aquele profissional das oito horas diárias de trabalho e que descansa no final de semana está fadado a desaparecer. Não há mais espaço para ele no mercado, assim como não existe mais espaço para uma pessoa analógica. É preciso buscar velocidade. O profissional terá que buscar fazer as coisas de maneira mais rápida, melhor e mais barata. O foco hoje não é o "eu", mas o "nós". Aliás, sempre foi, mas nunca de modo tão claro como agora.

MEU PRÓPRIO PLANO

Embora, de maneira geral, nós encontremos pessoas mais capacitadas entre as classes mais altas, é preciso furar as bolhas que cada um cria para si. Por exemplo, eu sou alguém nascido na classe C ou D; logo, no passado, poderia escolher me vitimizar, ou, então, poderia tentar uma carreira no serviço público (se bem que, para passar na prova, eu já teria que me capacitar), ou, como trabalhava em um posto de gasolina, poderia buscar ser um frentista, ou trabalhar com o meu pai. Mas não. Eu quis criar o meu próprio plano. E fui atrás disso.

Cito dois trechos da Bíblia que tratam sobre isso.

Na "Parábola dos talentos", em Mateus, capítulo 25, versículos 14 a 30, está escrito que Deus distribui seus talentos de acordo com a sua capacitação. O talento, ao qual se refere o texto sagrado, é uma medida daquela época, equivalente a 6 mil denários.[10] Como denário quer dizer o salário de um dia de trabalho, significa que um talento era o mesmo que o valor de 6 mil dias de trabalho de uma pessoa naquele tempo.

Vamos imaginar essa quantia, mas adaptando tudo para a nossa época. Se alguém recebe um salário de R$ 1.000 por mês, ao dividi-lo por trinta dias, terá R$ 33,33. Portanto, este é o valor do denário dessa pessoa. Seguindo com tal raciocínio, um talento (R$ 33,33 x 6.000) seria R$ 200 mil, com base no denário nesse nosso exemplo.

No trecho final da parábola, é dito: "Porque a cada um que tiver será dado, e terá em abundância; mas ao que não tiver, será tomado até o que ele tem. E lançai o servo inútil nas trevas exteriores; ali haverá pranto e ranger de dentes" (Mt 25:29-30). E quem é o servo inútil? Aquele que não produz com capacidade.

Esse conceito de que as pessoas devem buscar seu crescimento irá se repetir em vários trechos da Bíblia, mas em Apocalipse, no capítulo 3, versículos 15 e 16, está escrito: "Eu conheço as tuas obras, que não és nem frio nem quente. Eu gostaria que fosses frio ou quente. Então, como tu és morno; e nem frio, nem quente,

---

[10] Para saber mais: ROSA, L. da. Gostaria de saber se os talentos de Mateus 25,15 eram de prata ou ouro. *A Bíblia.org*, seção "Perguntas e respostas", 13 dez. 2018. Disponível em: https://www.abiblia.org/ver.php?id=10672. Acesso em: 28 fev. 2020.

vomitar-te-ei da minha boca". Nesse sentido, quem é o morno que Deus diz que vai vomitar? Aquele que não é frio nem quente. Ou seja, é o mediano. Então, as pessoas medianas serão vomitadas. Porque você tem competência para ser mais, mas não é... por falta de capacitação. Isto ainda está ligado a uma questão cultural. Está melhorando, mas ainda bem longe do ideal.

Em paralelo, acredito que os indivíduos devem buscar conhecimentos em PNL, inteligência emocional e inteligência espiritual. Esse tipo de treinamento acelera os resultados na vida de qualquer um. Deve haver uma educação contínua. Recentemente, fui à China, a Israel, aos EUA e à Austrália para imersões, a fim de conhecer tudo aquilo que há de mais avançado nas áreas em que tenho negócios. Costumo viajar muito por essa razão. Temos que estudar todos os dias. Aprender sempre.

Somos nós que temos que fazer as coisas acontecerem. Há aqueles que esperam para ver qual será a próxima tendência, e há os que criam a tendência. Você não tem que seguir o líder, é você quem tem que liderar.

Se você está lendo este livro e está buscando capacitação, ampliar sua consciência para então enriquecer, aumentar a sua produtividade e ter uma vida abundante: parabéns pelo seu empenho! Não há limites para aqueles que realmente estão dispostos a vencer.

"Não há limites para aqueles que realmente estão dispostos a vencer."

CAPÍTULO 3

63 CALMA, EXISTE SOLUÇÃO
    66 O papel dos hábitos
    67 Consuma com consciência
    68 Foque as necessidades das pessoas
    70 Você quer enriquecer ou pagar dívidas?
    71 Busque trabalho
    72 Os cinco princípios
    75 Aspectos da riqueza
    77 Tenha propósito

CALMA, EXISTE SOLUÇÃO

Até aqui, falamos de alguns problemas que têm tirado o sono de muitas pessoas nos últimos tempos, como dívidas e desemprego. Também vimos as inúmeras causas que estão por trás de tal cenário. A razão pela qual eu decidi escrever este livro, no entanto, foi compartilhar aprendizados para quem quiser evitar esses males ou mudar sua atual situação. O que fazer para viver uma vida próspera e de abundância?

Para responder a essa questão, elaborei a metodologia da Ciência da Riqueza e das Múltiplas Inteligências Financeiras. Apresentarei a você cada um desses conceitos ao longo deste e dos próximos capítulos. Um passo a passo, tudo de maneira detalhada. Quero compartilhar com você o método que desenvolvi. Ao final da leitura, você terá aprendido a gastar com um propósito bem definido. Ou seja, saberá como gastar, algo a ser feito com metas claras e objetivas. Isso tem relação direta com o ato de projetar a própria vida.

Antes, porém, uma reflexão: por que me refiro à riqueza como uma ciência? Você já parou para pensar nos motivos que levam alguém a ter uma relação bem-sucedida com o dinheiro, enquanto outros mal conseguem ter o suficiente para a própria subsistência? Uso o termo ciência porque a riqueza é algo exato. Não é milagre. No entanto, tem quem encare como se fosse.

Muitos parecem pensar: *Vou esperar minha riqueza em Deus.* Ou: *Vou ficar rico amanhã.* Posso garantir, no entanto, que nada disso vai acontecer. Em primeiro lugar, o que pode ser considerado um milagre? Podemos dizer que transformação da água em vinho é um milagre, mas a uva se tornar vinho, não. Isso é um processo. Assim como a riqueza também é.

Dessa maneira é possível falar em ciência, uma vez que estamos nos referindo a um processo. Se observarmos a história de todas as pessoas que se tornaram multimilionárias ou até bilionárias, veremos que elas trilharam um mesmo caminho, muito embora possam ter conquistado o sucesso financeiro em negócios bem diferentes. O trajeto até a fortuna, no entanto, envolve elementos comuns, como dedicação, estratégias, networking, uma forma específica de fazer dinheiro e de pensar em dinheiro.

Por tudo isso, estamos falando de um processo em que os indivíduos devem saber como construir seu padrão em cima de três tipos de renda: a principal, a extra e a passiva. Também precisam manter investimentos, com foco em gerar mais renda passiva para que o dinheiro trabalhe para eles. Estamos nos referindo, antes de mais nada, a manter uma mentalidade apropriada em relação às finanças. Em tudo o que fizer, o indivíduo deve considerar como aquilo irá gerar recursos dali a alguns anos.

Por exemplo, imagine que você esteja vendendo alguma coisa atualmente. Em uma situação assim, você deve avaliar: "Será que isso vai me gerar uma receita lá na frente, daqui a alguns anos?". Ou, se for algo que você irá vender somente uma vez, deve ser por um valor interessante, para que possa investir o dinheiro da venda e, dessa forma, gerar uma fonte de receita. Nesse sentido, um equívoco comum é que muita gente pensa nos recursos vindos de uma única fonte e uma única vez.

Refiro-me àqueles que recebem o seu salário, compram comida e, no mês seguinte, começam tudo do zero, tendo que batalhar novamente, somente para pagar contas. E o ciclo vai se repetir no mês subsequente. E no outro. Assim como no ano seguinte. Isso é parecido com o cachorro que tenta incontrolavelmente pegar o próprio rabo e corre em círculos.

A Bíblia menciona o ato de "correr atrás do vento", ao se referir a algo que é inútil, que não tem como dar certo. Pense: para você, é adequado uma pessoa trabalhar apenas para pagar as contas? Pois saiba que para mim essa ideia nunca fez sentido. Devemos trabalhar e desfrutar do nosso trabalho. E, ainda, fazê-lo gerar para nós uma renda passiva, para que assim ele nos traga paz, para que possamos trabalhar apenas por amor, e não por necessidade.

A fim de que cheguemos a isso, apresentarei o conceito das Múltiplas Inteligências, que diz respeito a oito áreas. São elas:

1. Como fazer dinheiro de modo eficaz.
2. Como gastar com propósito.
3. Como multiplicar o que você já tem.
4. Como ampliar as possibilidades de negócios e fazer dinheiro.
5. Como proteger seu sistema financeiro e patrimonial.
6. Como buscar informações.
7. Como se preparar.
8. Como passar a ter mentores.

A ciência, conforme sabemos, é algo exato. E, nesse sentido, como se chega à exatidão na geração de riqueza? Explico: você deve ter uma renda principal e uma renda extra. Esta última será investida para que o dinheiro gere uma renda passiva. No momento em que isso ocorre, você reinveste o dinheiro da renda passiva. Com isso, está montado um círculo. Nesse caso, não é um círculo vicioso, mas virtuoso.

Com a renda extra, você investe. Serão gerados juros, que você reinveste junto com a renda extra do mês seguinte. Tudo isso vai girando e o resultado é que, em algum tempo, o valor com os juros já será maior do que a sua renda principal. Para algumas pessoas pode ser em semanas; para outras, meses ou anos. Ou seja, nesse momento, você conquistou a sua independência financeira. Portanto, o grande segredo é sempre pegar a renda extra e investir. Por que insisto nisso? Se pararmos para observar, veremos que muita gente acaba pegando sua renda extra e usando-a para compor seu orçamento, gastando mais, o que apenas resulta em mais estresse para aquela pessoa. E essa é uma das principais atitudes que você precisa mudar.

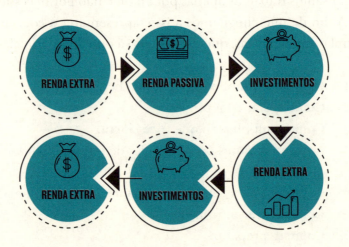

O PAPEL DOS HÁBITOS

Talvez você ainda esteja se perguntando como é que a Ciência da Riqueza pode mudar a sua vida e torná-la abundante e plena, ao ser integrada ao seu dia a dia. Pois eu lhe digo: a riqueza é uma construção de hábitos. E sobre os hábitos, não faltam teorias. Provavelmente você já ouviu algumas delas. Há quem diga que é preciso repetir algo por vinte e um dias para que se torne um hábito. Acredito que esse número de dias possa ter surgido a partir do jejum de Daniel, que durou vinte e um dias, conforme citado na Bíblia, no livro de Daniel, capítulo 10, versículos 1 a 21.

Já cheguei a escutar que, na verdade, são necessários noventa dias para que isso ocorra. Qual será o número correto? Dez dias, quinze dias, vinte e um dias, noventa dias, "xis" dias, não importa. Aqui não falaremos de quantidade de dias. O fato é que temos que construir o hábito da riqueza, que integra a Ciência da Riqueza, e instalá-lo em nosso dia a dia. No que consiste ele? Você deve aprender a lidar com o dinheiro e com a riqueza. E com este livro também vou ajudá-lo nisso.

CONSUMA COM CONSCIÊNCIA

Trata-se de uma convivência diária, um relacionamento com eles. Isso inclui a forma de utilizar a criatividade para fazer dinheiro. Ou o modo de utilizar métodos de consumo adequados. Por exemplo, se você vai gastar seus recursos financeiros, faça isso somente com aquilo que é importante na sua vida, com o que faz diferença. Não é para ver qualquer coisa bonitinha e sair comprando.

No momento em que você instala esse hábito, portanto, passa a ter um relacionamento tranquilo. No entanto, não estamos falando de ter "amor ao dinheiro", pois, como está colocado na Bíblia, essa é a razão de todos os males. Por isso, me refiro a um relacionamento estável. Algo que não é uma coisa doentia, como quando alguém trabalha por necessidade e fica o mês inteiro preocupado para pagar uma conta.

Observe que muita gente fala assim: "Ah, rico só pensa em dinheiro". Em geral, quem diz isso é alguém que não tem dinheiro. Desse modo, com esse pensamento, ele arruma uma desculpa para "explicar" a própria incapacidade de produzir riqueza.

Agora imagine uma pessoa que trabalha e recebe uma vez ao mês, sempre no quinto dia útil. Entretanto, mais ou menos no dia 30 do mês, ou até antes, a cabeça dela já está martelando: *Nossa, tem que chegar logo o dia 5 para eu receber meu salário, pois tenho a luz e a água para pagar*. E o tempo todo, ela fica pensando no dinheiro, mas faz isso com o foco na escassez: *Eu preciso receber para pagar conta*. Logo, na verdade, quem fica o dia inteiro pensando em dinheiro é quem não tem.

FOQUE AS NECESSIDADES DAS PESSOAS

Em contrapartida, o rico pensa de modo diferente. Em vez de focar o dinheiro, ele busca ver aquilo de que as pessoas estão precisando. Uso a palavra rico, mas às vezes o indivíduo nem possui tanto dinheiro assim, porém tem esse tipo de mentalidade a qual estou me referindo: a da plenitude e da vida abundante. Ele consegue ver, portanto, do que as pessoas estão precisando e, por meio desse raciocínio, faz a entrega.

Por exemplo, a Uber. Foi preciso que alguém olhasse que havia a necessidade de um transporte melhor, pois o táxi não estava atendendo com qualidade, para desse modo criar a Uber. Da mesma forma surgiu o Airbnb, com alguém que, observando que os hotéis estavam muito caros, pensou: *E se eu alugasse um quarto da minha casa?* Nos dois casos foram criados aplicativos para materializar aquela ideia e ajudar os outros. Quando focamos na necessidade das pessoas, portanto, enriquecemos.

Esse é um hábito que deve ser construído e deve ser integrado ao dia a dia. Todos os dias, você deve pensar dessa forma. Na minha rotina diária, é bem frequente que, ao ler as notícias nos jornais, por exemplo, eu me depare com informações e pense: *Meu Deus...* E já surja o que chamo de uma "oportunidade de atuação". Nessas horas, costumo enviar mensagens a amigos meus que trabalhem na área em que percebi uma necessidade das pessoas.

Nessas ocasiões, o que penso é: *Poxa, a gente pode unir nossas forças, nossos conhecimentos, pois deixaram uma oportunidade aí. Há um*

> **Você já parou para pensar nos motivos que levam alguém a ter uma relação bem-sucedida com o dinheiro, enquanto outros mal conseguem ter o suficiente para a própria subsistência?**

espaço aberto em que a gente pode entrar com determinado negócio. E, muitas vezes, isso pode ocorrer às 23h. Não tem hora, na verdade.

Isso é um hábito que foi desenvolvido. Nesses momentos, nem chego a olhar o relógio para ver que horas são: só passo a mensagem para compartilhar a ideia, pois sei que quem está do outro lado e vai receber a mensagem também tem a mentalidade da riqueza.

Se o indivíduo não tivesse a mentalidade da riqueza, em vez de enviar a mensagem na hora, eu poderia esperar chegar o dia seguinte para enviá-la? Na verdade, é provável que eu nem enviasse, pois quem tem a mentalidade da riqueza só vai enviar para quem pensa assim também. E isso é uma das características sobre quem tem a mentalidade da riqueza. Para esse tipo, trabalho não tem hora, significa vinte e quatro horas por dia.

O indivíduo sempre está disponível para fazer um trabalho melhor, uma entrega melhor, para fazer dinheiro. Ou seja, assim que percebe a oportunidade, deseja escalá-la, conceito que veremos mais adiante em detalhes, mas que pode ser resumido como potencializar, fazendo mais dinheiro sem aumento de custo. Para conseguir isso, no entanto, é preciso estratégia, como capacitar sua equipe, por exemplo. Logo, é um hábito e deve ser exercido no cotidiano. Quando se começa a atuar com essa ciência, tudo se torna muito mais abundante. É algo prazeroso e natural. Não existe peso algum em exercitá-la.

VOCÊ QUER ENRIQUECER OU PAGAR DÍVIDAS?

Por que você está com este livro em mãos? Talvez você, como muitas pessoas, sofra, pois sempre falta dinheiro no final do mês. Muita gente não sabe o que fazer para acabar com esse ciclo, se sente prisioneira do sistema. Mas a qual sistema me refiro? Bom, ao sistema que essas mesmas pessoas criaram. Saiba que a falta de recursos está ligada muito mais à ausência de organização do que a ter pouco dinheiro.

E isso é algo complicado para muitos entenderem. Fechar o mês com as contas no azul é algo diretamente ligado à gestão de orçamento. Como sempre gosto de recorrer aos ensinamentos da Bíblia, digo: assim como na "Parábola dos talentos", recebemos nossos talentos de acordo com nossa capacidade (Mateus 25:15).

Então, como receber mais dinheiro, se sua capacidade de gestão é limitada? Em minha jornada para ajudar quem quer construir riqueza, tenho clientes que recebem mais de R$ 200 mil por mês e estão atolados em dívidas. Em contrapartida, há alunos meus que fazem R$ 5 mil por mês, mas possuem diversos investimentos. Tudo é questão de gestão e inteligência financeira, assim como emocional e espiritual.

O primeiro passo, portanto, é ampliar sua capacitação financeira. Quem deseja ser rico precisa saber como aumentar os próprios recursos e também como fazer o dinheiro render mais. A maioria, porém, não sabe como fazer isso. Devemos estabelecer na nossa vida a jornada de permanente crescimento financeiro. Trata-se do desafio de caminhar sempre um quilômetro a mais. As oportunidades estão aí na nossa frente, milhares delas por dia, mas muita gente está querendo uma receita pronta.

De modo geral, os indivíduos não são preparados para lidar com os próprios recursos, e acabam perdidos em meio a tanta informação. Mesmo quem tem uma renda estável não sabe como fazer o dinheiro trabalhar para ele. Costumo dar a seguinte dica: aprenda a ser solução para os outros e você vai conseguir fazer muito dinheiro.

Proteger o dinheiro, investir, multiplicar e acumular não é algo que aprendemos na escola. A educação financeira, no entanto, hoje é um assunto facilmente encontrado. Não faltam livros, cursos e conteúdo livre na internet sobre o tema. Comece com o conhecimento que tem, e com o que tem também, com qualquer valor. Vá crescendo, aprendendo e aumentando. Apenas comece.

BUSQUE TRABALHO

Como já mencionei, as pessoas estão desempregadas por falta de capacitação. Trabalho existe, o que falta é emprego. E há uma grande diferença entre emprego e trabalho. Quem busca emprego quer salário, benefícios e direitos. Em João, capítulo 10, versículos 12 e 13 está escrito: "Mas o que é mercenário, e não pastor, de quem não são as ovelhas, vê o lobo vindo, e deixa as ovelhas, e foge; e o lobo as apanha, e dispersa as ovelhas. O mercenário foge, porque ele é mercenário, e não cuida das ovelhas".

Já indivíduos que buscam trabalho se comprometem com resultado, estão em busca de renda de acordo com a produtividade, têm comprometimento com a entrega e se preocupam com o seu crescimento pessoal e o da corporação.

Muitos profissionais com esse perfil acabam convidados para serem sócios das empresas em que trabalham ou, em pouco tempo, começam a empreender.

A vida não aceita mimimi. Por isso, sempre digo: capacite-se, faça cursos, sejam eles técnicos, de resultado rápido ou para desenvolver habilidades, como inteligência emocional, vendas, como elaborar e cumprir metas etc. É preciso aprender e executar a Ciência da Riqueza para ter uma vida abundante e plena. Busque informações e se prepare. Tenha mentores.

OS CINCO PRINCÍPIOS

Há quem diga que dinheiro não traz felicidade. No entanto, uma coisa é certa: a falta dele traz tristeza, porque ninguém fica feliz tendo conta para pagar sem recursos para isso ou passando necessidade do básico em casa. Ninguém tem felicidade passando por esse tipo de situação. Então, o dinheiro é extremamente importante. No entanto, é correto dizer que o dinheiro não traz felicidade para quem não cumpre princípios financeiros. Essa é a verdade. E quais são esses princípios?

1. Ter um trabalho em que você se sinta feliz.
2. Manter a família com dignidade.
3. Divertir-se (viajar, tirar férias).
4. Investir para o futuro.
5. Doar para ajudar as outras pessoas.

Esses princípios são provenientes de ensinamentos bíblicos. Por exemplo, o trabalho vem em primeiro na lista, antes da família? Sim, porque Deus, antes de trazer Eva ao mundo, deu trabalho para Adão. Somente depois vieram Eva e os filhos, a família. Ele preparou Adão com trabalho para poder sustentar a família com dignidade. Assim, a função número um do dinheiro do trabalho de uma pessoa é esta: sustentar a família com dignidade.

O ato de investir para o futuro está em Provérbios, no capítulo 6, versículos 6 a 9, que cita as formigas armazenando seus alimentos no verão para consumir nos períodos de escassez. Você faz um planejamento, cria uma estrutura para que possa contar com seus investimentos e os utilizar em uma aposentadoria, na velhice. Ou, claro, nos dias de hoje, a fim de que saiba aproveitar bem o dinheiro.

> "Proteger o dinheiro, investir, multiplicar e acumular não é algo que aprendemos na escola."

Divertir-se está em Eclesiastes, no capítulo 8, versículo 15: "Então eu elogiei a alegria, porque o homem não tem nada melhor debaixo do sol do que comer, beber e alegrar-se; porque isso o acompanhará no seu trabalho nos dias da sua vida, que Deus lhe dá debaixo do sol". Investir para o futuro está em mais de cem passagens, como em Provérbios, capítulo 6, versículo 6 a 8: "Vai ter com a formiga, ó preguiçoso; considera seus caminhos, e sê sábio; que não tendo guia, feitor, nem governador, provê seu alimento no verão, e junta sua comida na colheita". E doação está nos textos sobre ofertas. O mundo já começa ofertando, com a história de Caim e Abel, depois Abrahão. Ou seja, o dinheiro só não traz felicidade para quem não cumpre princípios financeiros. Porque uma pessoa que segue esses cinco princípios é feliz.

Contudo, alguém pode questionar: "Roberto, se eu cumprir os quatro primeiros princípios, mas não doar, serei feliz?". Eu respondo: "Não! Você sempre vai sentir uma angústia, ter a impressão de que algo está faltando em sua vida e que você é um aproveitador do mundo. Porque não é doador. Deus te deu saúde, riqueza, tudo... E você não ajuda pessoas? Então, você não é merecedor nem de ter o que tem. Com certeza vai perder". Não existe um milionário no planeta que não seja doador. Há, inclusive, uma grande batalha entre os bilionários do mundo: ver quem doa mais.

Esses cinco princípios, portanto, são muito focados nos aspectos espirituais. Por isso, afirmo: o dinheiro não traz felicidade, é a felicidade que traz dinheiro. Entretanto, o dinheiro só não traz felicidade para quem não cumpre os princípios financeiros. Porque aquele que trabalha mantém a família com dignidade, se diverte, investe para o futuro e doa, ela é feliz. Independentemente da quantidade. Não estou falando que é preciso ser milionário.

Alguém pode pensar: *Mas cumprir tudo isso é muito difícil, por exemplo, para quem ganha um salário mínimo. É preciso ser rico para conseguir fazer.* Veja, os princípios não falam em quantia ou valores. Não está escrito que é preciso pagar a escola mais cara aos filhos ou doar x% do dinheiro que você faz. Princípio é princípio.

A Bíblia indica o que devemos fazer, o que vale para quem tem como receita mensal um salário mínimo ou R$ 1 milhão. Quem tem menos deve trabalhar para sustentar sua família com dignidade; se divertir, o que é possível fazer de maneira gratuita; investir para o futuro, e há opções no mercado a partir de R$ 10; e separar uma parte para a doação. Portanto, princípio não se contesta, se cumpre. E não há desculpa para isso.

O indivíduo que os cumpre será feliz. Quando a gente cumpre o princípio, Deus cumpre promessas. E a promessa de Deus, na Bíblia, é que a gente vai ter vida abundante. O que isso significa? Uma vida rica, abundante, ter as coisas em boa quantidade. Está em João, capítulo 10, versículo 10: "O ladrão não vem senão para roubar, matar e destruir; eu vim para que tenham vida e a tenham em abundância". Esse "Eu vim" é Jesus Cristo. Ele veio e disse: "Eu vim para que você tenha vida e vida abundante". Assim,

Ele veio à Terra, habitou entre nós e caminhou aqui, para que nós tenhamos vida e vida abundante.

É muito importante o desenvolvimento espiritual para que, por meio do entendimento das palavras e das promessas de Deus, possamos cumprir esses princípios. Esse desenvolvimento é fundamental porque é por meio dele que conseguimos eliminar algumas crenças enraizadas em nossa sociedade, que têm origem no catolicismo. Coisas que foram muito pregadas no passado, mas hoje nem tanto.

Pregou-se largamente uma cultura religiosa de penitência, sofrimento e punição. Com isso, se instalou na mente de muitas pessoas a ideia do pecado, do medo do dinheiro, medo do rico e de uma série de coisas. E muitos perderam a oportunidade de vencer na vida, por causa dessas crenças negativas instaladas por nossos avós, pelos padres, pelas escolas, por diversas informações antigas. E que, na verdade, não fazem nenhum sentido.

ASPECTOS DA RIQUEZA

Em Eclesiastes, capítulo 3, versículo 22, está escrito: "Assim percebo que não há coisa melhor para o homem do que alegrar-se nas suas próprias obras, porque essa é a sua porção; porque quem o fará voltar para ver o que será depois dele?". É claro que eu sei que há desempregados, mendigos e pobreza. Entretanto, aqui estamos falando da população economicamente ativa, ou PEA. Portanto, essas pessoas trabalham, mas será que desfrutam desse trabalho? Trabalham por prazer?

O dinheiro e as riquezas possuem diversos aspectos. Existe o racional, que é o relacionado à matemática. É o famoso "gastar menos do que ganha", os juros compostos, a estrutura de gestão das coisas, saber lidar com dinheiro, fazer conta, planilha. Tudo isso está dentro da gestão racional, do nosso raciocínio e da nossa lógica.

Depois, há aspectos emocionais, os quais estão ligados a conceitos como "eu mereço" ou "isso não é para mim". Também estão relacionados às coisas que a gente vê e quer muito, bem como à inveja ao prazer.

Existem também os aspectos espirituais, e é neles que a maior parte das crenças em relação ao dinheiro está enraizada, tanto as positivas quanto as negativas. Como a palavra "crença" já indica, vem de crer, que está ligado à fé. Pode-se falar de crenças negativas, mas não existe fé negativa. O que há, nesse caso, é ausência de fé.

Assim como quando falamos de crença positiva, não é necessário dizer fé positiva, porque ela já é positiva por natureza. Então, não existe fé negativa ou fé positiva. Há fé ou ausência de fé. As crenças que temos sobre dinheiro representam aquilo em que acreditamos. Por exemplo, há quem diga "o rico não vai para o Céu".

Em Mateus, capítulo 19, versículos 16 a 22, há a passagem em que um jovem rico pergunta a Jesus como ele pode fazer para segui-Lo. E Jesus diz que o rapaz deveria vender toda a sua riqueza, repartir entre os pobres e ir com Ele. No entanto, o jovem rico não aceitou e, portanto, não foi. E há um momento em que na Bíblia está escrito que é quase impossível um rico entrar no reino do Céus. Entretanto, existem outras passagens em que isso está colocado de maneira bem diferente.

Em Mateus, capítulo 13, versículo 23, há o trecho: "Mas o que recebeu a semente em boa terra é o que ouve a palavra e compreende-a; e também dá fruto, e um produz cem vezes, outro sessenta vezes, e outro trinta vezes". Dessa forma, o jovem rico, na verdade, foi ganancioso, pois queria tudo apenas para ele. E ainda perdeu a oportunidade de fazer um negócio extraordinário, porque a compensação teria sido de trinta, sessenta ou cem por um. Logo, na pior das hipóteses, ele teria aumentado em trinta vezes seu patrimônio. E digo isso, pois foi o que aconteceu comigo no momento em que eu tive uma intimidade maior com Deus.

Esses, portanto, são os aspectos espirituais. E eles nos trazem uma paz interior, que vem do Céu e de Deus. Não adianta ter uma soma de dinheiro interessante e, ao mesmo tempo, perder a sua vida, a sua família ou uma série de coisas. Dinheiro é princípio, como sempre coloco.

TENHA PROPÓSITO

O problema, portanto, não é o dinheiro em si, mas o amor a ele, pois tudo o que fazemos apenas por dinheiro, ou seja, sem um propósito, nos afasta dele. Devemos ter propósito no dinheiro e na vida. Afinal, quem sabe o que quer está sempre preparado. Já quem não sabe acaba jogando fora o que tem e suas oportunidades. Lembre-se: herança é o que deixo **para as** pessoas; já legado é o que deixo **nas** pessoas. Quando cumprimos princípios financeiros, Deus cumpre promessas.

O que enriquece o ser humano não é o dinheiro que ele consegue, mas o processo que ele segue para obter aquilo. Você tem que aprender a dominar isso, porque riqueza não é um milagre, mas um processo. Algo que se constrói tijolo por tijolo. Muita gente acha que Deus vai enviar dinheiro. Ele não envia dinheiro para ninguém. Nunca vi alguém acordar e encontrar dinheiro na própria cama. E Deus pode curar o câncer, pode fazer um monte de coisa... mas Ele não envia dinheiro. Eu acredito que, na verdade, Deus financia projetos.

Quando você tem projetos e é uma pessoa de fé, Ele vai lhe enviar as estratégias para a conclusão daquele plano. E o dinheiro vem como consequência. Enriquecer, portanto, não é milagre, mas um processo. Para dominá-lo, no entanto, você tem que tomar uma decisão. Precisa decidir ficar rico e aplicar, além dos princípios, as Múltiplas Inteligências Financeiras, as quais abordaremos nos próximos capítulos.

CAPÍTULO 4

79 GASTAR COM UM PROPÓSITO BEM DEFINIDO
- **79 Saber gastar**
- **81 Padrões de comportamento**
- **84 Metas e objetivos**
- **86 Treino com dinheiro de mentira**
- **88 Planejar é preciso**
- **91 As despesas fantasmas**
- **94 Hora de tomar uma decisão**
- **94 Níveis de despesas**
  - **95 Despesas obrigatórias fixas**
  - **95 Despesas obrigatórias variáveis**
  - **95 Despesas não obrigatórias fixas**
  - **95 Despesas não obrigatórias variáveis**
- **95 Inversão de valores**
- **97 Jejum para prosperidade**
- **99 Atitudes para economizar**

GASTAR COM UM PROPÓSITO BEM DEFINIDO

SABER GASTAR

No capítulo anterior, mostrei a você um panorama geral da Ciência da Riqueza e das Múltiplas Inteligências, conceitos que veremos passo a passo e em profundidade a partir de agora. A primeira etapa para que você mude a sua relação com o dinheiro é aprender como gastá-lo. É preciso entender que para usar os nossos recursos temos que ter um propósito muito bem definido. Somente assim será possível conquistar a liberdade financeira, um estágio acima da independência e da segurança financeiras, como veremos.

Aliás, sempre digo que devemos ter propósito bem definido no dinheiro e na vida, pois quem tem certeza do que quer está sempre preparado. Já aquele que não sabe isso acaba jogando fora o que tem, assim como suas oportunidades de crescimento. Em outras palavras, para chegar à riqueza é preciso ter metas claras e objetivas, o que significa projetar a própria vida.

Pelas regras da educação financeira, o básico para uma pessoa é sempre gastar menos do que ganha. Embora tal conceito não esteja errado, ele acaba focando na escassez, o que o torna limitante. Pela visão da Ciência da Riqueza, o foco é sempre na abundância. Portanto em vez de "gastar menos do que se ganha", é preciso "fazer mais dinheiro do que se gasta". Tal pensamento é o que leva alguém à riqueza.

Para isso, você deve projetar qual é o seu estilo de vida ideal. Vamos supor que um indivíduo tenha um salário mensal de R$ 5 mil e, por ter disciplina com suas finanças, gaste apenas R$ 4.500 a cada mês. Tudo certo sob o ponto de vista da educação financeira, com essa pessoa vivendo em uma zona de conforto. No entanto, pelo conceito da Ciência da Riqueza, ela deve projetar que vida deseja ter, o que implica saber onde e como quer morar, qual é a escola que deseja para os filhos, que academia gostaria de frequentar etc.

Imagine que, ao fazer tal análise, ela descobre que isso lhe custaria R$ 8 mil mensais, muito acima de seu salário atual. Neste momento, seu foco não deve mais ser gastar aqueles R$ 4.500, mas buscar meios de aumentar sua renda para R$ 10 mil, a fim de conseguir ter o padrão de vida desejado e com alguma sobra. Trata-se, neste caso, de uma expansão da mentalidade financeira, rumo à riqueza, em vez da escassez.

Quem não tem objetivos claros compra aquilo que não usa ou aplica seus recursos em investimentos que não remuneram sequer o percentual da inflação, o que se traduz em perder dinheiro. Cada valor precisa ter um propósito bem definido.

LEMBRE-SE:
NA FÉ, CADA DINHEIRO FEITO E GASTO DEVE TER UM PROPÓSITO. E TUDO
O QUE O DINHEIRO COMPRA É BARATO.

Você deve conhecer exatamente suas necessidades de consumo, para somente adquirir alguma coisa que seja extremamente necessária. Embora possa parecer algo óbvio, trata-se de um questionamento que ainda não é feito por muitas pessoas: se você não precisa de um produto, por que comprá-lo?

Vou além e dou uma dica que pratico há muitos e muitos anos. Antes de adquirir alguma coisa, qualquer coisa, sempre pergunte a si mesmo: "Se não comprar este produto, eu continuo vivo?". A muita gente pode parecer radical, mas, se estamos falando de buscar riqueza, é deste modo que você deve encarar o uso dos seus recursos.

A sabedoria popular afirma que "dinheiro não aceita desaforo" e, na minha visão, é um enorme desrespeito com o nosso dinheiro comprar aquilo de que não precisamos. Em Eclesiastes, no capítulo 7, versículo 12, está escrito: "Porque a sabedoria é uma defesa, e o dinheiro também é uma defesa; mas a excelência do conhecimento é que a sabedoria dá vida aos que a têm".

Quando pensamos em nossos hábitos, devemos sempre ter atenção se o que fazemos é o melhor para nós e nossa família. Isso vale para tudo, mas sobretudo para nossas finanças. Por exemplo, alguma vez você já parou para avaliar como é o seu padrão de consumo? Vou contar uma história que ilustra bem esse conceito.

PADRÕES DE COMPORTAMENTO

Certa vez, estava em Nova York e me recordo de ter sido acordado bem cedo por meus filhos. Liderados pela minha filha Pérola, na época com 19 anos, eles decidiram, sem cerimônia, claro, invadir meu quarto, uma vez que traziam uma dúvida urgente: "Paaaaaai, por que as pessoas não enriquecem?", era o que queriam saber.

Ainda abrindo os olhos, respondi com uma frase: "Porque não sabem fazer conta". Como meus filhos me conhecem bem, sabiam que eu não lhes diria mais nada naquele instante. Logo, tiveram que se contentar apenas com aquela resposta para o questionamento que haviam me trazido logo pela manhã.

Costumo dizer sempre que Deus é realmente maravilhoso, pois, mais tarde naquele mesmo dia, surgiu uma oportunidade perfeita para exemplificar aos meus filhos aquilo que eles haviam me perguntado.

> **Pelas regras da educação financeira, o básico para uma pessoa é sempre gastar menos do que ganha.**

Estávamos em uma livraria da rede Barnes & Noble, onde também há uma unidade da cafeteria Starbucks. Como tradicionalmente faço, selecionei uma pilha de livros, escolhi uma mesa e iniciei a tarefa de ler um trecho de cada um deles para avaliar quais eu compraria. Mergulho na leitura ao mesmo tempo que peço para a minha filha Pérola me buscar um café, ali ao lado.

Alguns minutos depois, levanto os olhos das páginas e vejo Pérola voltando. Nas mãos traz o que parece ser o maior copo que já vi na vida. Para mim, é semelhante a um copo de liquidificador. *Dentro dele*, penso, *deve caber um oceano de café*. O detalhe adicional é que tomo sempre uma xícara pequena de expresso. Nunca grande. Daí pergunto:

— Pérola, por que um café desse tamanho?

— Pai, a moça falou que custava 50 centavos a mais esse grande. Então peguei — respondeu ela.

Aquilo imediatamente me lembrou da conversa daquela manhã.

— Filha, 50 centavos a mais, com o dólar atual, significa R$ 2 a mais. Parece pouco, mas me diga: quantos anos você vai viver ainda?

— Não sei, pai — ela afirmou, sem entender.

— Arrisque um número... — insisti.

— Ah, mais ou menos uns sessenta anos — ela calculou.

— Em geral, quando você vai a algum lugar e te mostram um produto maior, como este café, por um valor que parece pequeno, você aceita? Por exemplo, se for ao McDonald's e te oferecem a Coca-Cola grande, você a compra? — perguntei novamente.

— Sim — ela disse.

— Então, Pérola, temos aqui um padrão comportamental de consumo. E olha só quanto isso pode custar — afirmei, para mostrar o raciocínio matemático por trás daquilo que eu estava lhe dizendo.

Esse comportamento significa o seguinte: comprar o produto maior, como foi oferecido à Pérola, resulta em um gasto de R$ 2 diários; assim, teremos um consumo de R$ 60 por mês. Ainda pode parecer pouco, certo? À primeira vista, não dá para fazer muita coisa com R$ 60 em um mês. No entanto, vamos incluir o fator tempo: nesse caso, aqueles sessenta anos, ou setecentos e vinte meses, período que Pérola calculou como sendo a expectativa de vida dela a partir dali. Ao multiplicarmos pelo consumo mensal e aplicarmos uma taxa de juros de 1,5% ao mês, considerando que uma pessoa inteligente iria investir o valor economizado com essa compra de que não precisa, chegamos ao valor de R$ 180.967.593,60. (Veja como fazer essa conta passo a passo daqui a algumas linhas.)

Isso mesmo que você leu. Ao consumir algo que nem queria, e gastar míseros R$ 2, você terá jogado fora mais de R$ 180 milhões em sessenta anos. Assustador quando visto assim, não acha? Ao fazer esse exercício, não estou dizendo para ninguém deixar de consumir ou não tomar mais um café, por exemplo. A ideia aqui é evitar desperdícios. Para tanto, você precisa comprar apenas aquilo que vai consumir. Como fica claro, somente isso já faz uma gigantesca diferença nas suas finanças ao longo do tempo.

Algo curioso sobre essa história é que já a contei em meus canais do YouTube e na minha conta do Facebook,[11] em que tive milhões de visualizações. Muitas vezes, porém, nos comentários, algumas pessoas insistem em afirmar que a conta que fiz está incorreta, o que somente comprova aquilo que disse a meus filhos: as pessoas não enriquecem porque não sabem fazer conta. Para

---

11 Para visualizar o vídeo, acesse o link: https://www.youtube.com/watch?v=fa2MinGVyO0.

chegar ao resultado, você vai precisar de uma calculadora financeira HP 12C. Siga as instruções a seguir:

1. Digite 60 (valor mensal) e aperte a tecla *PMT*.
2. Em seguida, digite 720 (sessenta anos em meses) e aperte a tecla *n*.
3. Digite 1,5 (taxa de juros ao mês) e aperte a tecla *i*.
4. Por fim, aperte *FV* (de *future value*, ou valor futuro, em inglês).

O resultado, como vimos anteriormente, é 180.967.593,60. Eis a magia dos juros compostos. Uma frase creditada ao físico alemão Albert Einstein (1879-1955)[12] afirma que os juros compostos podem ser considerados a oitava maravilha do mundo. Embora não seja possível afirmar se, de fato, o gênio da ciência disse isso, não é preciso ter uma inteligência extraordinária para perceber o poder que os juros compostos podem exercer em suas finanças. Portanto, fique sempre atento aos centavos perdidos, pois, no longo prazo, eles podem significar milhões a menos na sua vida.

METAS E OBJETIVOS

A maneira como consumimos, portanto, é um comportamento, o qual iremos reproduzir sempre se não ficarmos atentos. Assim, é preciso ter consciência e mudar. Quando não temos clareza daquilo que queremos, somos movidos pela clareza das outras pessoas. Alguém que não tenha metas definidas passa a viver conforme os objetivos de quem tem suas metas.

Aquilo que você falha em conquistar é muito provável que vai conquistá-lo. Sem se dar conta, muitos aceitam a sugestão do

---

[12] Mais informações sobre essa afirmação podem ser obtidas em: THE EIGHTH Wonder of the World Is Compound Interest. *Quote Investigator*, 9 set. 2019. Disponível em: https://quoteinvestigator.com/2019/09/09/interest/. Acesso em: 28 fev. 2020.

atendente e levam o maior café, refrigerante ou batata frita, pagando um pouco mais, mesmo que aquilo nem seja o que eles realmente querem, apenas porque pareceu algo vantajoso. A lanchonete conseguiu atingir a meta dela.

Faça uma reflexão e procure lembrar quantas vezes, ao comer ou beber, você já se sentiu completamente satisfeito, mas ainda havia batata frita ou refrigerante à mesa, comprados por essa falta de consciência. Suas opções ali são jogá-los fora ou se entupir com os produtos para não ter a sensação do total desperdício. Está longe de ser uma escolha inteligente, portanto, sob qualquer aspecto. No curto ou no longo prazo.

Agora que você viu claramente todo o potencial que existe em trocar uma atitude que resulta no desperdício de R$ 2 ao dia por investir esse valor, com uma taxa de 1,5% ao mês, deve identificar seus padrões de consumo em todas as situações do cotidiano. Tenha em mente que, para deixar de adquirir algo desnecessário, você deve sempre procurar saber o que levar em conta na hora de decidir comprar qualquer coisa que seja. Compreender o propósito em cada aquisição.

Veja a importância da inteligência financeira: todo dinheiro que você não gasta é um dinheiro ganho; por isso, é fundamental procurar ampliar o conhecimento sobre aplicações. Faça cursos e treinamentos a respeito do tema, aprenda a ler relatórios de investimentos. Nesse sentido, parabenizo-o mais uma vez pela iniciativa de comprar e estar lendo este livro. Trata-se de um investimento importante para ampliar o seu conhecimento sobre finanças.

Por exemplo, algumas pessoas, ao comentarem o vídeo já mencionado em que apareço com minha filha Pérola, na livraria em Nova York, questionavam a existência de um investimento que proporcionasse uma taxa de juros de 1,5% ao mês. Naquela época, até o Tesouro Direto oferecia aplicações com essas características. Atualmente, ainda é possível conseguir tal rentabilidade, mas você vai precisar se especializar em investimentos e buscar aplicações em renda variável para ter tal retorno.

Daí a importância de sempre se aprofundar nesses estudos, uma vez que banco algum irá oferecer a você algo tão vantajoso. Por outro lado, convém frisar: se alguém lhe apresentar algo bom demais, mas que esteja muito fora da realidade, desconfie. Evite cair em golpes.

Ainda sobre os comentários no vídeo, outras pessoas disseram: "Ah, mas sessenta anos é muito tempo. Até lá, já morri". Bom, quem diz isso está pensando pequeno. Ali consideramos um período longo, pois se tratava da expectativa de vida da minha filha, na época, com 19 anos – ou seja, alguém no início da vida produtiva, caso mantivesse um padrão de comportamento por seis décadas.

No entanto, os juros compostos proporcionam ganhos extraordinários se fossem calculados períodos menores, como dez, quinze ou vinte anos. O importante, portanto, é investir sempre. Se você ainda não faz isso, já passou da hora de começar.

TREINO COM DINHEIRO DE MENTIRA

Na vida, tudo é uma estratégia e aprendi isso logo cedo. Considero que comecei minha trajetória financeira aos 8 anos. Com essa pouca idade, tive contato pela primeira vez com o Banco Imobiliário, aquele famoso jogo de tabuleiro em que há dinheiro de mentirinha e você pode enriquecer com a compra e venda de imóveis. Costumo dizer que quem brinca com ele e consegue compreendê-lo fica milionário.

Já o dinheiro de verdade surgiu na minha vida, aos 9 anos, com a abertura de uma caderneta de poupança na Caixa Econômica Federal, na qual colocamos o equivalente a R$ 20 atuais, o que poderia ser considerado uma fortuna para a época. Até hoje tenho aberta essa conta em poupança, com data de abertura de 1979, ocasião em que comecei a pensar em querer ficar rico. E sabia que precisava de uma estratégia.

Quatro anos depois, aos 13, começaria a trabalhar no posto de gasolina, lavando vidro e calibrando os pneus dos carros para juntar dinheiro e realizar meu sonho. Por isso, digo que, quando você quer algo na vida, independentemente do quê, estará diante de uma escolha. De algumas coisas você vai ter que abrir mão. Com a riqueza não é diferente. Para levar adiante minha rotina de trabalho no posto, por exemplo, tive que abrir mão de namorar ou de jogar bola, além de uma série de outras atividades.

> **"O importante, portanto, é investir sempre. Se você ainda não faz isso, já passou da hora de começar."**

Quando estava trabalhando, tinha cada vez mais certeza de que havia feito a escolha correta. E isso me motivava muito. Até que, aos 16 anos, precisei fazer uma escolha ainda mais difícil: seguir estudando ou continuar trabalhando no posto. Minha mãe e meu pai tinham pensamentos opostos em relação a isso: ela queria que eu estudasse, para poder ter um diploma e, com ele, desempenhar uma profissão, algo mais estável e tradicional; meu pai acreditava que eu deveria seguir trabalhando e empreendendo, pois desde cedo já observou qualidades em mim para seguir por esse caminho.

Fiquei no posto e nunca me arrependi da minha decisão. Se tivesse que optar, faria tudo de novo. Tenho certeza de que, caso seguisse aquilo que minha mãe almejava para mim, no máximo poderia ser um profissional ruim, uma vez que me sentiria frustrado ao optar por uma carreira mais convencional. Em contrapartida, ao seguir trabalhando e empreendendo, consegui acumular meu primeiro milhão aos 21 anos, sendo que, naquela época, R$ 1 milhão seria o equivalente a cerca de R$ 20 milhões atuais. Se hoje sou multimilionário, devo isso àquela escolha.

PLANEJAR É PRECISO

A história que contei ressalta a importância de termos metas claras e objetivas, seja com dinheiro, ou em qualquer área da vida. Para desenvolvermos isso no dia a dia, primeiro precisamos compreender o que nos satisfaz, quais são os nossos valores e aonde queremos chegar. Em paralelo, é importante aprender a fazer um bom planejamento financeiro. Algo que já começamos a verificar e no qual vamos nos aprofundar mais. Não faltam conceitos importantes para quem deseja chegar à riqueza.

De início, vamos ver os três fundamentos básicos da educação financeira:
1. Gastar menos do que você ganha.
2. Investir a diferença entre receitas e despesas.
3. Reinvestir o resultado dos investimentos.

A atitude de gastar menos do que se ganha tem uma importância vital em nossa vida. Quem ignora e não segue esse fundamento se coloca diante de um grande e indigesto desafio. Uma conta que nunca bate é sinônimo de dor de cabeça e fonte de insônia, para dizer o mínimo. Imagine que a cada mês que passa em vez de você ficar mais rico, está se tornando mais pobre e ainda construindo a riqueza de outros. Ou seja, tudo aquilo que você produz com o suor do seu trabalho acaba no bolso de outra pessoa; por isso, ser inteligente significa, antes de mais nada, permanecer com o dinheiro que você produziu.

Aliás, em alguns treinamentos meus, costumo dizer: todo dia, ficamos mais ricos ou mais pobres. Ao final do dia de hoje, se gastou mais dinheiro do que fez, você ficou mais pobre. Caso tenha comprado algo de R$ 200 e não entrou nada na sua conta, está R$ 200 mais pobre; se fez mais do que gastou, ficou mais rico. Como estratégia financeira, é interessante desenvolver uma planilha de atualização diária em que coloque quanto fez e quanto gastou. Ao monitorar diariamente isso, você saberá se está mais rico ou mais pobre. Com o tempo, poderá priorizar a construção de riqueza em vez do consumo.

Para gastar menos do que se ganha, porém, primeiro você precisa identificar para onde tem ido o seu dinheiro. Uma das etapas de qualquer planejamento financeiro consiste em descobrir o padrão de gastos por setor. Será que você sabe qual é a sua despesa mensal por área? Se nunca chegou a pensar seriamente nisso, talvez se surpreenda quando descobrir o que cada categoria representa sobre o total dos seus gastos em um mês.

Para fazer esse levantamento, pegue papel e caneta ou, caso prefira, faça uma planilha, em Excel, por exemplo. Sua tabela irá se chamar **Padrão de gastos por setor** e a primeira tarefa é levantar **qual é a sua despesa mensal** geral, portanto deixe um campo no topo para esse dado. A tabela terá três colunas: **Setor**, **Gasto mensal** e **Plano**. Na primeira coluna, você irá listar os setores para onde vai o seu dinheiro. Observe o seguinte exemplo: a ideia de separar cada área te ajudará a compreender como seus recursos estão sendo utilizados. Uma das piores sensações é chegar ao final do mês sem saber para onde foi o seu dinheiro. A partir daí, você poderá promover os ajustes necessários para gastar com mais propósito e menos impulso. O objetivo é ter um panorama detalhado a fim de auxiliá-lo nas eventuais mudanças para chegar mais rapidamente à riqueza e à abundância.

PADRÃO DE GASTOS POR SETOR
Qual é a sua despesa mensal?

SETOR	GASTO MENSAL	PLANO
Habitação		
Educação		
Saúde		
Lazer		
Carreira		
Transporte		
Supermercado		
Restaurante		
Crianças		
Diversos		
Vestuário		
Cabeleireiro		
Esporte		
Prestações		
Aquisições		
Pet		
Cuidados pessoais		
Financeiro		
Valor total de gastos		

AS DESPESAS FANTASMAS

Além de verificar como cada área vem atuando na composição mensal dos seus gastos, outro ponto importantíssimo é identificar as chamadas despesas fantasmas. Na área da educação financeira, este é o termo dado àqueles gastos pequenos, mas completamente dispensáveis que muita gente acaba fazendo sem nem mesmo se dar conta, uma vez que são praticamente invisíveis ao radar de muitos.

Uma coisa é certa, porém: de pouquinho em pouquinho, quando somadas, as despesas fantasmas são capazes de provocar uma violenta corrosão no orçamento de qualquer ser humano. Todo indivíduo costuma ter conhecimento de que gastos grandes como aluguel, mensalidade escolar ou prestação de carro podem impactar suas finanças. No entanto, quando falamos de despesas fantasmas, a história é diferente.

Revistas, acessórios, produtos de beleza ou até uma coxinha ou um suco estão na lista de coisas que muitas vezes são compradas sem planejamento. É tudo aquilo que não faz falta, mas você adquire porque o valor a ser desembolsado é pequeno, o que dá a falsa impressão de algo inofensivo ao orçamento.

Também se enquadram na categoria das despesas fantasmas alguns gastos que passam despercebidos, embora estejam associados a outros custos visíveis. Por exemplo, quando você vai ao cinema, contabiliza o valor com o ingresso para o filme e a pipoca que irá consumir durante a sessão. No entanto, muitos se esquecem de acrescentar à conta o preço pago no estacionamento ou o combustível para chegar ao cinema. Talvez um chocolate depois da sessão também tenha ficado de fora.

Obviamente, quem compra um carro parcelado sabe que todo mês terá de arcar com uma prestação. Seguro e combustível também podem ter sido calculados, mas talvez escapem valores referentes a licenciamento, lavagem mensal, revisão, manutenção, pneu furado, pedágio, estacionamento, entre outros.

Outro exemplo ainda ligado aos carros são as multas. Você calculou o quanto gastará com elas? Talvez esteja pensando: *Ah, Roberto, sou cuidadoso, não levarei multa...* Errado. Cidades como São Paulo ou Rio de Janeiro possuem muitos radares, o que invariavelmente se traduz em multa em algum momento. As despesas fantasmas, portanto, estão espalhadas por aí, prontas para assombrar as economias de qualquer um.

Mesmo aqueles que amam algo em especial devem ter atenção. Um amigo, grande fã de café, certo dia quis saber quanto gastava com as diversas xícaras que consumia por dia. Descobriu: as despesas fantasmas carregavam R$ 800 dele todo mês.

O antídoto para se prevenir contra tal perigo é exatamente o que esse meu amigo fez. Ao colocar na ponta do lápis tudo o que gasta, você poderá se defender do problema, ao ter aquelas ameaças invisíveis à vista. Anotar todos os gastos em um papel ou em uma planilha irá revelar toda a perda que as despesas fantasmas representam na sua vida. Depois disso, a tarefa é partir para a ação e mudar atitudes e hábitos.

> **"O objetivo é ter um panorama detalhado a fim de auxiliá-lo nas eventuais mudanças para chegar mais rapidamente à riqueza e à abundância."**

Meu amigo, amante de café, por exemplo, trabalha como vendedor e passou a economizar aqueles R$ 800 mensais ao adotar a seguinte estratégia: em vez de beber as xícaras em cafeterias e restaurantes, como fazia, passou a consumir seu cafezinho antes de sair de casa ou nas visitas aos clientes. Nessas ocasiões, por vezes, toma um na recepção enquanto espera ser atendido, e outro ao fechar negócio. Às vezes, estrategicamente, passa para dar um "oi" a determinado cliente e aproveita para saborear um café. Não abriu mão do prazer, apenas dos gastos com ele.

Faça você também a sua investigação. Onde estão as suas despesas fantasmas? Para chegar à resposta, vasculhe seus gastos com disciplina e dedicação. Ao colocar uma lupa em tudo, você estará mais perto de entender para onde vai o seu dinheiro e, assim, preservá-lo.

DE ONDE VEM E PARA ONDE VAI SEU DINHEIRO?
Para descobrir esse número você deve checar seu relatório de despesas x receitas.

DESPESAS	RECEITAS
Total	Total

HORA DE TOMAR UMA DECISÃO

Ao longo deste capítulo, verificamos como existem diversas atitudes que podem ser aplicadas por quem deseja gastar de forma mais racional e organizada. Ao tomar conhecimento do seu padrão de comportamento em consumo, da importância de ter propósito com seu dinheiro ou dos danos com despesas fantasmas, é preciso agir. Assim como um motorista que se aproxima de um cruzamento e se depara com um semáforo, você deve decidir o que fazer diante da luz que suas contas emitirem.

Pense no poder de uma simples palavra, como "pare" ou "siga". Cada uma delas possui o poder de salvar vidas em um cruzamento de carros. Suas anotações financeiras estão dizendo o que para você: "Pare" ou "Siga"?

VERMELHO: se suas receitas forem menores que suas despesas, você tem a obrigação de tomar medidas urgentes quanto a seus gastos.

AMARELO: se suas receitas forem iguais às suas despesas, você deve começar a rever seu orçamento com responsabilidade.

VERDE: se suas receitas forem maiores que suas despesas, aproveite para investir.

NÍVEIS DE DESPESAS

Na hora de tomar sua decisão, a fim de melhorar suas contas, você deve entender onde pode atuar de maneira mais eficiente. Os gastos não são todos iguais, cada um tem um status, por isso é importante conhecer alguns conceitos quando pensamos nas categorias de cada despesa e suas características. Veja a seguir.

Despesas obrigatórias fixas

São aqueles gastos dos quais você não pode abrir mão ou não tem como reduzir, a exemplo dos relacionados à moradia, como uma prestação do imóvel, um aluguel ou uma taxa de condomínio.

Despesas obrigatórias variáveis

Aqui estão gastos que você não tem como eliminar, mas cujo consumo pode reduzir e, assim, aliviar o peso deles no orçamento. Exemplos: alimentação, supermercado, luz, água ou telefone.

Despesas não obrigatórias fixas

Embora sejam gastos difíceis de serem reduzidos, podem ser até eliminados. Entram nesta categoria o plano de saúde, a mensalidade da escola das crianças, da academia ou assinaturas de revista, por exemplo.

Despesas não obrigatórias variáveis

Podem ser reduzidas e não são gastos obrigatórios. Existem muitos que se enquadram aqui, como cinema, restaurantes, salão de beleza, entre outros.

INVERSÃO DE VALORES

É preciso acrescentar que, apesar de a hierarquia que mencionei anteriormente ser importante para o seu planejamento financeiro, às vezes deve-se fazer o que chamo de inversão de valores. O que é isso? Por exemplo, o plano de saúde é algo que está dentro das despesas não obrigatórias fixas, assim como a escola particular para os filhos. Para efeito do exercício, portanto, são despesas que se encaixam nessa categoria, uma vez que você pode até eliminá-las se conseguir uma opção de saúde ou educação pública de qualidade: algo que algumas cidades oferecem.

DESPESAS OBRIGATÓRIAS FIXAS		DESPESAS OBRIGATÓRIAS VARIÁVEIS		DESPESAS NÃO OBRIGATÓRIAS FIXAS		DESPESAS NÃO OBRIGATÓRIAS VARIÁVEIS	
Item	Valor	Item	Valor	Item	Valor	Item	Valor

No entanto, para algumas pessoas pode ser que sejam despesas mais prioritárias. Ter um plano é muito importante caso alguém na família esteja doente, assim como você pode querer não abrir mão daquilo que considera a melhor educação para os filhos. Logo, será necessário procurar outro ponto que possa ser economizado.

Recomendo que você faça uma primeira planilha, em que deve separar cada despesa por categoria: obrigatórias fixas, obrigatórias variáveis, não obrigatórias fixas e não obrigatórias variáveis. Ao finalizá-la, elabore uma segunda planilha, considerando a sua inversão de valores. Nela, registre todas as despesas em escala de prioridade, segundo a sua realidade. O plano de saúde pode ser sua prioridade, enquanto outra pessoa consegue abrir mão dessa despesa.

Com isso, você terá um panorama completo para saber para onde está indo o seu dinheiro. Não terá mais aquela sensação: "O que aconteceu com o meu dinheiro?". Ou: "Recebi meu salário e nem sei para onde ele foi". Agora você vai saber, em detalhes.

Costumo dizer que, na hora de realizar uma revisão das contas, devemos sempre ter em mente que "pagar" a nós mesmos é o mais importante. O que isso significa? Aquele dinheiro que você destina ao seu futuro, como investimentos para o projeto de liberdade financeira, precisa ser mantido. Leve isso em conta e abra mão de coisas que não são obrigatórias em seu lugar. Lembre-se da história do meu amigo que trocou R$ 800 mensais de gastos com café sem deixar de tomar a bebida, apenas mudando hábitos. Na hora de cortar, seja estratégico e não sabote seu caminho para a vida abundante.

JEJUM PARA PROSPERIDADE

Você talvez esteja imaginando que reduzir seus gastos do dia a dia seja algo muito difícil. Então, deixe-me contar um relato pessoal.

Há cerca de quinze anos, quando eu ainda morava no Rio de Janeiro, o pastor da igreja que eu frequentava propôs aos fiéis que fizessem um jejum de vinte e um dias, como o jejum de Daniel.

Aproveitando aquilo, tive a ideia de propor em casa que fizéssemos um jejum diferente. Em vez de mudar somente a nossa alimentação, reuni minha família e disse que faríamos por vinte e um dias um jejum de todas as nossas despesas. Durante aquele período, a ideia era consumir apenas o que fosse obrigatório. Começamos a olhar nossos gastos e mudar nosso comportamento.

A internet e a TV a cabo ficaram restritas à nossa sala, pois desconectamos a rede dos outros cômodos, assim como desligamos os pontos extras. Saídas para restaurante ficaram proibidas no período. Ficamos com apenas um carro e vendemos outros que tínhamos. Negociamos todas as mensalidades das escolas dos nossos filhos e conseguimos descontos. No supermercado, comprávamos apenas o básico, aonde íamos sempre com lista. Ao final, nossa despesa mensal, que na época somava R$ 15 mil, despencou para R$ 6.800.

Por isso, afirmo: a pessoa só não consegue cortar gastos se não quiser, porque tem fé fraca. Do contrário, ela consegue. Naquela ocasião, cortei por causa do jejum e pela igreja. Se fosse apenas por mim, não teria cortado. No entanto, o mais importante foram os efeitos que percebi em casa com aquela nossa decisão.

Antes do jejum, cada um vivia confinado em seu quarto. Após uma semana, todos estavam juntos na sala. Para usar a internet, em revezamento, e para assistir a seus programas de TV. Como deixamos de ir a restaurantes, passamos a fazer, nós mesmos, pizza ou churrasco em casa naquele período. Em resumo, além da redução de gastos, tive minha família de volta a partir do jejum. Mesmo após o final do período, demoramos meses para voltar a comer fora, pois a pizza e o churrasco em casa viraram tradição.

Chego a me emocionar quando me lembro disso, pois até hoje observo os reflexos dessa nossa decisão familiar. Embora todos os filhos tenham suas próprias casas atualmente, dia desses, mandei uma mensagem dizendo que faria um cachorro-quente na minha casa, algo despretensioso. No final do dia, os filhos foram chegando e logo todos estávamos ali, reunidos novamente, em volta da mesa, repleta de amor, sorrisos e carinho. Eu te pergunto: existe algo mais valioso do que momentos como esses? Quando fazemos as coisas com um propósito bem definido, a recompensa é eterna.

Dessa maneira, na hora de decidir colocar em ação um projeto de economia na sua casa, é importante sempre começar por uma reunião com a família para apurar por onde pode ser desenvolvido e deixar claro o motivo da iniciativa. Afinal, será um trabalho em equipe.

ATITUDES PARA ECONOMIZAR

Para encerrar este capítulo, deixo uma série de dicas que irão ajudá-lo a reduzir gastos do cotidiano. Algumas ações à primeira vista podem até parecer óbvias, mas, como já vimos, a soma de pequenas mudanças é capaz de fazer uma grande diferença no nosso orçamento.

Na hora de ir ao mercado, sempre saia de casa com uma lista de compras e a siga-a à risca. Isso irá garantir que você não compre aquilo de que não está precisando. Entre em contato com o seu banco para renegociar todos os valores de taxas que paga. Também renegocie eventuais dívidas ou empréstimos. Reavalie a assinatura de jornais e revistas. Se perceber que não usa algum deles, cancele.

Para economizar com eficiência, é preciso ficar atento a quanto está gastando em cada setor. Procure avaliar se cada despesa é necessária. Nunca deixe de questionar o que você pode cortar. Observe também se existe produto ou serviço similar mais barato no mercado. Vale para academia, plano de telefonia, internet, salão de beleza etc. Aproveite os dias de oferta que alguns comércios ou serviços promovem. Será que é necessário utilizar o carro o tempo todo?

Para reduzir seus gastos, controle seus impulsos. É claro que ninguém deve viver sem os pequenos prazeres da vida. Entretanto, toda vez que você fizer uma compra, reflita se efetivamente necessita daquela mercadoria ou serviço. Um dos principais cortes em despesas que uma família pode fazer é nos gastos com juros. Segundo diversas pesquisas, 25% da renda vão embora a juros.[13]

Sempre que puder, utilize cupons de desconto, planos de fidelidade ou clube de benefícios. Nesta área, algumas iniciativas são mais conhecidas como Multiplus, Smiles, KM de Vantagens ou Cartão Mais, mas existem incontáveis opções oferecidas por companhias aéreas, drogarias, livrarias, supermercados, cinemas, restaurantes, locadoras de veículos, hotéis, planos de saúde, cursos, empresas de telefonia ou clubes de futebol, entre outros.

Por meio deles, você consegue fazer muito mais com menos dinheiro, como viagens gratuitas, descontos em ingressos de cinema e diversos segmentos. O segredo é escolher sempre a empresa que lhe ofereça algum benefício. A grande maioria das companhias trabalha com algum tipo de cartão fidelidade. Busque os sistemas de fidelidade que melhor se encaixem em seu perfil de consumo.

Em vez de fazer uso do crédito do cartão, saiba utilizar aquilo que chamo de os "benefícios" do cartão. Com algumas vantagens oferecidas pelo cartão de crédito, acredite, você fará uma montanha de dinheiro. Economize em produtos de consumo de acordo com os seus hábitos e aquilo que seu cartão proporciona em descontos. Por exemplo, postos de gasolina, cinemas, supermercados, revistas, viagens etc. Resgate milhas para viagens ou para vendê-las. Essa prática de fazer pagamentos a prazo ou pagando parte

---

[13] Informação obtida na seguinte cartilha: CONSELHO REGIONAL DE ECONOMIA (Corecon-CE). *Dicas Econômicas – Dinheiro: sabendo usar não vai faltar.* Fortaleza: Corecon-CE, 2011/2012, p. 20. Disponível em: https://www.sintafce.org.br/arquivos/files/cartilha.pdf. Acesso em: 16 mar. 2020.

da fatura é um suicídio financeiro. Atenção para as anuidades do cartão: tanto para os cartões que você já possui como para aqueles que você possa ter recebido sem solicitar. Busque um cartão que ofereça as vantagens mais adequadas ao seu perfil.

> **"Na hora de decidir colocar em ação um projeto de economia na sua casa, é importante sempre começar por uma reunião com a família para apurar por onde pode ser desenvolvido e deixar claro o motivo da iniciativa. Afinal, será um trabalho em equipe."**

Aprenda a pedir desconto. Se você tem vergonha, saiba que os ricos são os que mais negociam descontos em suas compras. Para você ter ideia, tenho uma planilha que batizei de "Meu plano de 52 dias", na qual registro cada desconto que recebo. Por exemplo, se vou à farmácia comprar uma vitamina C e ganho algum desconto, que pode ser por meio do plano de fidelidade da rede ou pelo meu plano de saúde, adiciono o valor à planilha.

Ao final de cinquenta e dois dias, somo tudo para ver quanto consegui no período. Em geral, costuma ser algo em torno de R$ 1.400. Assim que levanto esse valor, já o reservo para investir. O nome que dei à minha planilha é em referência a Neemias, que reconstruiu os muros de Jerusalém em cinquenta e dois dias, como narrado em Neemias, capítulo 6, versículos 15 e 16.

Como você pode ver, é fundamental dedicar tempo para anotar os gastos. Reconheço que não é a tarefa mais agradável do mundo, mas faz toda a diferença. Existem inúmeros aplicativos e programas gratuitos que podem ajudá-lo. Costumo reservar entre dez e quinze minutos para fazer a contabilidade de todos os meus negócios, diariamente, um pouco antes de dormir. Neste momento, não despreze pequenos valores e registre todos os seus gastos.

Dedique tempo para verificar os excessos de gastos e os ralos por onde seu dinheiro possa estar escoando. Não despreze os pequenos valores. Relacione todos os seus gastos e despesas de um mês, incluindo os pequenos gastos com estacionamento, cafezinho e doces. Imponha limites a alguns gastos controláveis como vestuário e restaurantes, por exemplo. Compro com propósito e nunca algo que não quero.

Verifique sempre quanto você terá para investir para conquistar seus objetivos. Você já sabe que pequenos valores economizados hoje podem se transformar em uma grande reserva no futuro e fazer a diferença na conquista de seus objetivos. Isso é, de fato, uma realidade, pois, sem conseguir renda adicional, a única forma de aumentar o potencial de seus investimentos será reduzindo ou cortando pequenos gastos. Seja persistente e disciplinado na tarefa de cuidar das suas finanças. Isso fará o caminho até a prosperidade e a riqueza ser mais curto.

"Pequenos valores economizados hoje podem se transformar em uma grande reserva no futuro e fazer a diferença na conquista de seus objetivos."

CAPÍTULO 5

105 SABER FAZER DINHEIRO
109 Desenvolva suas estratégias
110 A importância do plano de ação
112 Trabalho é dádiva
113 Produzir mais e melhor
115 Como está sua autoestima?
119 Fator financeiro

SABER FAZER DINHEIRO

Você já possui um verdadeiro arsenal de informações para serem colocadas em ação no momento em que tiver de utilizar suas economias. Como vimos, isso é algo que deve ser feito de forma racional e sempre com propósito, a fim de encurtar o trajeto até a prosperidade e a abundância. Agora podemos passar a outro ponto importante no caminho para a riqueza. Como alguém pode fazer mais dinheiro? Você já parou para pensar sobre isso? O primeiro passo para ampliar seus recursos é ter consciência de onde eles vêm.

Talvez você diga: "Mas, Roberto, é claro que sei de onde vem meu dinheiro". Pois é, saber, todos sabem, não é? No entanto, aqui me refiro a desenvolver uma percepção mais completa sobre o assunto. E existe uma enorme diferença entre simplesmente saber de onde vêm os seus recursos e compreender com profundidade como você faz dinheiro e como pode fazer mais. Desenvolver essa consciência integra o conceito das Múltiplas Inteligências.

Se você tem um emprego, por exemplo, seu dinheiro vem do salário que lhe pagam nessa ocupação. Ou seja, o dinheiro vem do seu trabalho. E a questão que quero colocar está aí. Quem realiza um trabalho, é pago pelo que faz. No entanto, quem quer ficar rico precisa entender se, a partir de sua fonte de recursos, é possível gerar riqueza financeira.

Outra coisa que deve ser levada em conta é que nessa modalidade de um salário fixo a pessoa é paga pelas horas trabalhadas.

Ela vende as suas horas de trabalho para alguém. Logo, ela só tem vinte e quatro horas para vender por dia, sendo que não vai conseguir vender todas, obviamente. Daí a importância de se trabalhar com o conceito de escala do tempo, e não da venda de horas, que é algo limitante.

Imagine três profissionais: um servidor público, um gari e um vendedor de água. Sem ter mais informações a respeito, qual deles você acredita que tenha mais condições de chegar à riqueza com seu trabalho? Vamos analisar três casos para tirar algumas conclusões de como a fonte de recursos pode contribuir para que alguém fique rico.

A fim de passar no concurso e conseguir o cargo de servidor público, em geral, a pessoa tem que se dedicar muito aos estudos, uma vez que a maior parte das vagas é superconcorrida. Não raro, o indivíduo presta diversos concursos e é visto como um batalhador. No entanto, o que ele está procurando naquela vaga: riqueza ou segurança? Pela natureza do trabalho, é impossível que alguém fique rico como servidor público. O dinheiro vem do que é recolhido pelo governo por meio dos impostos pagos por todos os brasileiros. E isso não muda.

Claro, qualquer um, incluindo um servidor público, pode enriquecer caso reserve cerca de 30% de seus rendimentos para investir e se especialize no mercado financeiro, a fim de se tornar um bom investidor, com o estudo de aplicações como a bolsa, por exemplo. Neste caso, terá de renunciar a uma série de gastos para buscar a riqueza. Dessa maneira, mesmo quem busca a segurança do serviço público tem uma chance de multiplicar seus recursos. Do contrário, não será possível, apenas com o que recebe de salário.

De modo geral, porém, quem quer um cargo no funcionalismo público almeja, antes de tudo, uma forma de pagar as contas da casa e a escola dos filhos, assim como uma vida mais tranquila, sem a preocupação com necessidades. Procura ainda benefícios como uma aposentadoria garantida ou um plano de saúde. Ou, em uma palavra, quer segurança. E, ao buscar isso, não vai conseguir ficar rico.

Um erro muito recorrente, portanto, é desejar a riqueza, mas estar em uma função que não permite isso. O serviço público, nosso exemplo, é engessado, impõe limites a quem queira enriquecer. No entanto, isso também pode ocorrer no setor privado. Quem trabalha em uma função que não permite a ampliação da própria renda, já que isso é algo que está atrelado à produtividade, não tem como ficar rico. A primeira pergunta a ser feita, portanto, é: "Apenas com o meu trabalho atual, tenho condições de me tornar rico?". Sim ou não? Essa consciência é o início de tudo. É a partir dessa resposta que cada indivíduo vai conseguir traçar os movimentos que terá de fazer para chegar à riqueza.

Agora, vamos pensar no gari e no vendedor de água. Será que é possível ampliar a renda varrendo a sujeira das ruas ou como ambulante em uma praia? O Brasil conhece a imagem de Renato Lourenço, o Sorriso, gari que ganhou fama ao aparecer dançando enquanto varria o Sambódromo do Rio de Janeiro, entre os desfiles das escolas de samba. Ao chamar a atenção do público e da TV, ele se tornou uma espécie de símbolo daquela cidade. Com isso, conseguiu conhecer diversos países e foi um dos destaques da comitiva brasileira em 2012, no encerramento das Olimpíadas de Londres, na Inglaterra.

E, o mais importante para este nosso exercício, Sorriso passou a ministrar palestras sobre motivação até para executivos, o que lhe abriu a possibilidade de ganhos extras. Será que ele ficaria rico trabalhando como gari? Com certeza não, mas como palestrante isso é possível. Se, como varredor, Sorriso viu que não havia chance de crescer, teve atitude, criatividade e certa dose de ousadia, e criou novas fontes de recursos.

Em 1997, quando ele surgiu sambando pela primeira vez, levou uma bronca do chefe imediatamente. No entanto, o público do Sambódromo viu a cena e, no ato, vaiou o chefe de Sorriso, que se desculpou e liberou a dança do gari.[14] Ele seguiu varrendo ruas, mas sempre de uma forma diferente, com alegria e demonstrando amor pelo que faz. Isso significa entregar mais do que o esperado, o que trouxe a Sorriso muitos frutos.

Outro exemplo nesse sentido é o de Rick Chesther, que vendia água na praia de Copacabana e se tornou palestrante, influenciador digital e escritor. Tudo isso após gravar um vídeo que viralizou nas redes sociais, no qual contava sua história de superação, empreendedorismo e resiliência. Sem dinheiro sequer para comprar sua água, ele explicava que pediu R$ 10 emprestados para poder ter produto e trabalhar.

Assim como ocorreu com Sorriso, Chesther viu que não tinha como enriquecer somente com o dinheiro das águas que vendia, mas isso não o limitou. Pelo contrário. E, assim, se tornou um palestrante muito solicitado. O que pode dar a ele muitos recursos. Há, portanto, muitas formas de fazer mais dinheiro com criatividade, dedicação e persistência. Você precisa ver como fazer isso com sua atividade atual.

Faça-se sempre esta pergunta: "De onde vem o meu dinheiro?". O meu, por exemplo, vem das sessões de coaching e de mentoria que realizo com meus clientes. Recentemente, criamos um consultório exclusivo para realizar mentoria. Além disso, ainda tenho receitas como palestrante. E por que comecei a dar palestras? Por ser um bom coach, claro. Tenho ainda a renda que vem dos livros que escrevo, como este, ou do trabalho que realizo como professor. Desenvolvo diversas fontes e destino o dinheiro delas para os investimentos. O resultado disso é a riqueza, a partir da renda passiva, algo que já começamos a ver, mas sobre o que falaremos ainda mais.

---

[14] O ocorrido foi mencionado na seguinte entrevista: MENDONÇA, A. V. 'A vassoura é meu passaporte', diz gari Renato Sorriso, símbolo carioca. *G1*, 7 nov. 2012. Disponível em: http://g1.globo.com/rio-de-janeiro/noticia/2012/11/vassoura-e-meu-passaporte--diz-gari-renato-sorriso-simbolo-carioca.html. Acesso em: 9 jan. 2020.

DESENVOLVA SUAS ESTRATÉGIAS

Após compreender de onde vêm seus recursos, você deve projetar o quanto pode fazer de dinheiro em um período. Para isso, use o modelo das grandes empresas, que no início de cada ano têm todos os dados para seu planejamento de expansão do negócio. Um assalariado, por exemplo, sempre sabe o quanto fará no ano. Se o salário é de R$ 10 mil por mês, ele terá R$ 120 mil por ano, sem contar 13º salário e o valor das férias.

É uma conta simples, mas vamos considerar R$ 120 mil em nosso exemplo. A partir disso, vem a projeção. Vamos supor que a pessoa queira fazer R$ 200 mil. Como conseguir esses R$ 80 mil de diferença? Pode parecer algo inalcançável, mas, se dividirmos esse valor por doze meses, vai dar um pouco mais de R$ 6.600 por mês. E, se novamente dividido por trinta dias, chegamos a R$ 222 ao dia – o que passa a ser a sua meta, portanto. Bem mais palpável. A estratégia é dimensionar e pensar em etapas.

No meu caso, faria uma renda extra com sessões de coaching. Quando realizo esse trabalho, elaboro um planejamento por empresa e setor. Call center, vendas, marketing digital, palestras. Meu foco é aumentar a quantidade de atendimentos e conversão em vendas. É preciso ter uma fonte de renda apenas, pensar em como será possível conseguir uma renda extra, talvez criando outra modalidade de negócio para conquistar o resultado que almeja. Tudo virá desse planejamento inicial.

Nesse sentido, ressalto a importância de se ter parcerias. Atualmente, tenho diversos par-

> **"Há muitas formas de fazer mais dinheiro com criatividade, dedicação e persistência."**

ceiros que trazem excelentes negócios para mim. O marketing digital ou o marketing multinível estão entre as possibilidades que você pode buscar, que podem ser agregadas ao que você já faz profissionalmente e lhe garantir uma renda extra.

A IMPORTÂNCIA DO PLANO DE AÇÃO

O papel da estratégia você já compreendeu. Para desenvolver cada projeto, no entanto, você precisará criar um plano de ação. A primeira coisa que alguém deve saber é o seu propósito em relação a cada movimento que fará e o retorno que aquilo pode lhe trazer. Vamos a um exemplo: quando desejo fazer uma viagem, após definir o destino, faço o cálculo de quanto ela vai custar: R$ 20 mil, por exemplo. Já determinei, portanto, o que quero, a viagem, para onde vou e quanto vai custar. A partir daí, preciso gerar uma nova renda, dinheiro exclusivamente destinado àquela viagem.

Veja, aqui a ideia é justamente não utilizar o dinheiro que foi produzido por seu trabalho já existente, fruto de muita dedicação. É necessário gerar um novo dinheiro. No meu caso, analiso dentre as minhas habilidades o que eu posso oferecer às pessoas, avaliação que faço com base no momento atual, no que vejo à minha volta, do que leio nos jornais etc. Observo tudo aquilo que o público mais tem buscado para criar um produto que vá exatamente ao encontro daquela necessidade.

Por exemplo, vamos supor que eu identifique uma grande procura por conteúdo sobre investimentos. A partir disso, desenvolvo um workshop sobre o assunto e estabeleço um preço de R$ 100 para ele, algo acessível. Feito isso, identifico o perfil do meu público-alvo e faço uma campanha direcionada a ele por um período de quinze a vinte dias. Como minha meta é conseguir R$ 20 mil, com um custo unitário de R$ 100, preciso de duzentas pessoas no meu workshop. Com os impostos e despesas, vamos colocar uma margem a mais e considerar trezentas pessoas no workshop, para facilitar nossa conta. Nesta hora, é necessário calcular tudo, quanto eu vou precisar investir em mídia para atrair cem pessoas a mais, por exemplo.

O plano, portanto, está estabelecido.

1. O que eu quero?
2. Quando eu quero?
3. Aonde eu quero ir?
4. Quais são as minhas habilidades?
5. Do que as pessoas estão precisando naquele momento? (Fundamental para ver, entre as minhas habilidades, qual atende a isso.)

Ressalto que este último conceito, o de criar um produto a partir do que os indivíduos precisam, é fundamental para toda a estratégia de que estamos tratando. Não posso gerar necessidade nas pessoas, já que isso é algo que leva muito tempo. O caminho natural, portanto, é desenvolver algo com base naquilo que as pessoas estão procurando.

Em vez dos R$ 20 mil para a viagem, porém, vamos imaginar que eu precise de R$ 100 mil para um projeto. Como vimos, o workshop vai me render somente R$ 20 mil. O que é preciso fazer? Temos uma nova etapa aí. Dentro do universo das trezentas pessoas que vieram para o workshop, preciso criar outros produtos que resultem em uma renda de R$ 80 mil.

Nesse estágio, preciso calcular quantos comprariam um produto meu, cujo ticket médio maior está em torno de R$ 2.000 ou R$ 2.500. Concluo que preciso de quarenta pessoas, que representam minha meta, para conseguir os R$ 80 mil que integram os R$ 100 mil total. Com esse planejamento e execução, com tranquilidade eu conseguiria, no evento, os R$ 100 mil de que preciso e teria gastado menos de R$ 10 mil com os impostos e para organizar tudo.

Estou falando de uma estratégia a ser desenvolvida ao longo de um mês, no máximo, do início ao fim. Por essa razão, é importante que os indivíduos tenham consciência de suas capacidades e de que tipo de serviços eles poderiam oferecer aos outros, para que possam experimentar aquilo que você faz. Esse tipo de planejamento é bom e funciona muito bem atualmente, tanto que tem sido executado por muitos profissionais. Para se ter ideia, eu aplico essa estratégia, em média, três vezes ao mês.

Ainda sobre plano de ação, vamos considerar outra situação: alguém que queira aumentar uma receita que já tenha. O primeiro passo a se tomar é levantar quanto ele consegue fazer atualmente. Vamos supor que ele faça R$ 10 mil e queira passar para R$ 20 mil daqui a um ano. É preciso pegar a diferença, os R$ 10 mil, dividir por doze meses, o que dá R$ 833 por mês. Essa passa a ser a meta dele.

A partir disso, qual é a renda extra que essa pessoa pode desenvolver? Vai fazer mais horas extras em seu emprego? Tornar-se um coach ou mentor em alguma atividade que domine? Caso seja um professor, vai dar aula particular? Se for um educador físico, pode desenvolver um trabalho como personal trainer?

Enfim, é necessário se especializar para conseguir aumentar a sua renda. Muitas vezes, você até já possui especialização, mas precisa aprender como transformar isso em dinheiro, ou seja, como monetizar sua atividade. Isso deve ser feito para que possa investir cada vez mais seus recursos e viver com os juros que venham dessas aplicações, sem perdas com a inflação do período. Como podemos ver, tudo é fruto de planejamento, organização e execução.

TRABALHO É DÁDIVA

Abrimos este capítulo falando sobre a origem do dinheiro, algo vital para que você dê valor ao fruto de seu trabalho. Em Eclesiastes, no capítulo 5, versículo 19, está escrito: "E a todo o homem, também a quem Deus deu riquezas e bens, e lhe deu poder para delas comer e tomar a sua porção, e gozar do seu trabalho; isto é dádiva de Deus". Ter um trabalho, portanto, é sempre uma dádiva de Deus. E assim deve ser encarado.

Pense: passamos no mínimo um terço de nossa vida no trabalho. No meu caso, como no de muitos empreendedores, isso significa três quartos, uma vez que, em geral, trabalhamos de doze a dezoito horas por dia; por isso, é importante que eu desfrute do meu trabalho, para que faça algo que amo e que também beneficie outras pessoas.

No meu trabalho, por exemplo, quando estou em sala de aula, diante de oitenta ou cem alunos, tenho uma das minhas maiores realizações. São indivíduos que procuram meus cursos para enriquecer e, assim, mudar de vida. Em paralelo, no entanto, tenho muitos depoimentos de alunos que, ao conquistarem a riqueza, por meio dos meus ensinamentos, dizem ter se afastado de ideias suicidas, conseguido recuperar o casamento ou até se curar de doenças relacionadas à falta de dinheiro.

Para mim, apoiar aqueles que estão endividados e sem perspectiva a se tornar um milionário é a maior recompensa possível. Muitos destes começam a empreender, o que gera novos empregos, em uma verdadeira corrente do bem, e seu reconhecimento com o meu trabalho é a maior gratificação que tenho.

Procure um trabalho que valha a pena, que possa transformar a vida dos outros. Lembre-se: todo trabalho é uma dádiva que Deus nos deu. Temos que ser gratos e saber valorizá-lo. Por isso, sempre repito: enriquecer liberta, assim como empreender.

PRODUZIR MAIS E MELHOR

Quem dá valor ao trabalho muitas vezes se pergunta como pode produzir mais e melhor e, assim, fazer mais dinheiro. Acho

> **"O caminho natural é desenvolver algo com base naquilo que as pessoas estão procurando."**

interessante como muita gente trabalha, trabalha, trabalha, mas parece não sair do lugar. Muitos calculam o próprio trabalho em horas ou acreditam que, para ficar rico, deve-se acordar cedo e dormir tarde. No entanto, não faltam exemplos de trabalhadores no Brasil que saem de casa antes das 5h da manhã e só retornam às 22h, mas passam necessidade. A única certeza que temos, portanto, é de que essa receita resulta em alguém exausto, mas não necessariamente rico.

A riqueza não está ligada à quantidade de horas que alguém trabalhou, mas à soma de dinheiro que ele produziu, mas ainda existe muita crença equivocada sobre isso. As pessoas confundem trabalhar duro, por várias horas seguidas, com trabalhar da maneira certa, de forma estratégica. E, se o indivíduo não fizer da forma certa, não tem jeito.

Quando falamos das modalidades de renda, por exemplo, a principal, a extra e a passiva, existem regras. Não se pode utilizar a renda extra para consumo, mas, exclusivamente, para investimentos. Somente assim o dinheiro irá gerar uma renda passiva e você poderá viver dele. Tentar de outra maneira, acredite, não vai te gerar riqueza e abundância, o que posso afirmar por ter muitos e muitos anos de experiência nessa área e utilizar e aprimorar as estratégias vencedoras dia após dia nos meus negócios.

Um exemplo prático. Recentemente, convoquei a diretoria da minha empresa para anunciar uma mudança em nossa gestão de fazer dinheiro, com o objetivo de ganharmos eficiência. Realizei uma série de ajustes e, passado um tempo, imaginaram que eu ia apresentar uma grande economia. No entanto, quando viram as contas, disseram: "Mas está igual ao que era antes". E eu respondi a eles: "Não vim aqui para reduzir nada. Quero fazer mais dinheiro, porém utilizando os recursos de modo mais estratégico".

O processo incluiu a demissão de alguns funcionários. No entanto, em compensação, valorizei outras pessoas, que foram promovidas e direcionadas a posições-chave, com salários mais altos. Contratei gente para novas funções em que havia necessidade e remanejei quem estava em setores sobrecarregados. A ideia é montar todo o time, colocando os indivíduos nas posições certas.

Com todos os ajustes, tivemos uma economia de R$ 38 mil, mas essa quantia foi totalmente investida em marketing. Não se tratava, portanto, de gastar menos, mas de utilizar melhor os recursos, investir e ampliar nossas metas, o que foi feito. Em uma empresa, assim como na vida financeira de cada pessoa, os ajustes devem ser realizados diariamente. Na hora de montar um negócio, parece óbvio que devemos vender sorvete no verão e chocolate quente no inverno, mas tem gente que faz exatamente o oposto disso.

COMO ESTÁ SUA AUTOESTIMA?

Até aqui, falamos sobre como fazer dinheiro, sobre a importância de criar estratégias, planejar e executar da maneira correta. Para fechar este capítulo, quero tratar de algo tão relevante quanto tudo isso na hora de alguém fazer dinheiro: vamos falar de autoestima. Para produzir mais e melhor, antes de mais nada, é preciso estar bem consigo mesmo; por isso, é importante procurar sempre manter sua autoestima fortalecida. *Mas como conseguir isso, Roberto?*, você pode estar pensando.

Costumo dizer que os passos para fortalecer a autoestima compreendem conhecer bem tanto aquilo que nos motiva como o que nos deixa mal. Para ter isso claro, siga minha dica prática. Faça duas listas: a primeira deve conter tudo aquilo que te deixa feliz; na segunda, inclua o que o deixa para baixo, que o derruba quando ocorre. Quando estiver com as listas prontas, é hora de vigiar, pois a partir desse conhecimento é preciso agir e tomar cuidado.

Quer um exemplo? Sempre gostei muito de futebol e torço pelo São Paulo Futebol Clube. Quando há um jogo importante fico tenso e, se o time perde, chego a ficar desolado. Nas horas seguintes à partida, não gosto nem de falar com ninguém. Trata-se de algo que ao longo do tempo melhorou, pois já foi bem pior. Quando era adolescente, cheguei a deixar de ir trabalhar em algumas ocasiões, após alguma derrota mais traumática, como em finais de campeonatos. Minha vontade nessas horas era de chorar, não sair de casa.

Trata-se de algo que ainda me afeta, sobre o qual não tenho controle algum, uma vez que não entro em campo para jogar nem sou o técnico, responsável pela escalação. O que posso fazer, portanto, é saber lidar com essa situação e procurar trabalhar o meu sentimento em relação a ela. Para isso, não faltam alternativas, como psicólogos, hipnoterapeutas ou a já mencionada PNL.

Aliás, uma das minhas filhas, a Raíssa Navarro, atualmente é considerada uma das principais autoridades em PNL do mundo e trabalha na formação de novos profissionais nessa área. No Brasil, ela é representante de Richard Bandler, um dos cocriadores da técnica. Dentro de casa, portanto, temos todo o modelo de inteligência, pessoal, emocional, financeira e espiritual. Algo que também levamos para todos os nossos treinamentos.

Já outra coisa que me deixa tenso é quando minha equipe de vendas registra um resultado muito abaixo do esperado. No entanto, de forma completamente diferente do que ocorre com o futebol, sobre as minhas vendas e minha equipe eu tenho controle. Se algo sai fora do previsto, posso ficar abatido, mas já tomo uma série de ações para corrigir a rota.

Na lista das coisas que podem afetar minha autoestima de forma negativa, portanto, estão os resultados do futebol e das minhas vendas. Em contrapartida, na lista daquilo que me motiva há praticamente o inverso, ou seja, os bons momentos do futebol e as vendas. E, novamente, tudo que posso ou não consigo controlar. No entanto, ter consciência sobre isso me ajuda a vigiar e buscar meios de ser menos afetado.

Isso vale para quando você decidir fortalecer a autoestima. O que pode fazer alguém se sentir feliz? O contato com a natureza é algo que costuma funcionar com a maior parte das pessoas. Comigo não é diferente. Muita gente pode pensar: *Poxa, mas moro em São Paulo, uma cidade de pedra.* No entanto, a capital paulista, como Nova York, por exemplo, é conhecida pela imensidão de concreto

> "Procure um trabalho que valha a pena, que possa transformar a vida dos outros."

e por seus edifícios, mas também possui muitos parques públicos, que oferecem o contato com a natureza de maneira gratuita. Estar em contato com árvores, lagos, o canto dos pássaros ou simplesmente com o silêncio é fundamental para que você se sinta bem.

Outra coisa que pode ajudá-lo é a conexão com pessoas interessantes, que te deixem para cima. Isso pode ocorrer na sua igreja, no jogo de futebol com os amigos, na sua empresa. Assistir a filmes ou ler livros que agreguem conhecimento, que tragam ideias ou projetos. A Bíblia, por exemplo. Ou ler sobre aquilo de que você gosta. Faça essa análise e vá colocando na sua lista. Deixe-a à vista, para realizar ações que o elevem com mais frequência. Na medida do possível, se organize e encaixe na sua rotina diária.

> **Os passos para fortalecer a autoestima compreendem conhecer bem tanto aquilo que nos motiva como o que nos deixa mal.**

Você pode se sentir bem se estiver atento às novidades, como uma roupa diferente, tecnologia, o que te sirva de inspiração. Nesse sentido, algo que me inspira são as motos da marca Harley-Davidson, um hobby que tenho. Quando, por alguma razão, não estou legal em um dia qualquer, me organizo para dar uma volta de moto. Mesmo que seja algo rápido, ao voltar, estou diferente, me sentindo bem melhor. É importante, portanto, conhecer aquilo que tem o potencial de melhorar o seu humor rapidamente.

Fazer uma atividade física, como correr ou ir à academia, e cuidar do corpo fazem que nos sintamos bem. Pela minha experiência, recomendo a todos que tenham um personal trainer, pois o apoio desse profissional faz uma grande diferença, na medida em que é alguém que nos empurra, nos joga para cima e nos motiva. Além do fator saúde, ao cuidar do corpo nos sentimos bem até quando vamos provar uma roupa; é algo que nos dá prazer. Em contrapartida, se estamos muito acima do nosso peso, por exemplo, nos sentimos mal até na hora de comprar uma peça do vestuário. Muito daquilo que fortalece a nossa autoestima pode ser feito com autoconsciência e pequenas mudanças de hábitos. E as listas ajudam a nos manter atentos a isso.

FATOR FINANCEIRO

Evidentemente, a questão financeira também está diretamente ligada à autoestima das pessoas. Não há dúvida de que a falta de dinheiro limita qualquer um e tira a liberdade de escolha. Sem recursos, o indivíduo não consegue comprar aquilo que deseja ou até mesmo de que precisa. Não tem como ir a um restaurante com os amigos, por exemplo, ou frequentar uma academia. Sem recursos para comprar uma roupa, comida ou para ter luz em casa, é impossível ter autoestima fortalecida.

Claro, todos sabem que também há indivíduos ricos com autoestima abalada, mas observo que, em geral, há outras questões envolvidas, como um quadro de depressão ou problemas de relacionamento com a família, por exemplo. Já quem vive em uma situação de escassez tem sua autoestima afetada diretamente por isso.

Podemos observar essa relação de outro modo. Para a maioria de nós, o dia de pagamento tem o poder de fortalecer a autoestima. Ao receber o dinheiro pelo qual trabalhou, a pessoa passa a ter condições de pagar suas contas e ainda obtém um reconhecimento por tudo aquilo que realizou.

Com base nesse raciocínio, existe um exercício utilizado nas sessões de coaching financeiro chamado "sentimento com o dinheiro", cujo grande objetivo é eliminar a compulsão por gastos e desenvolver uma obsessão por fazer mais dinheiro. No que consiste ele? Sempre que fizer dinheiro, anote algumas informações em uma tabela. A ideia é criar um hábito saudável com a geração de recursos e ainda fortalecer a autoestima. Imagine, por exemplo, um coach. No exercício, ele vai escrever:

1. Quanto você fez hoje?
   Resposta: R$ 500.
2. De onde veio o dinheiro?
   Resposta: Da realização de uma nova sessão de coaching.

3. Como conseguiu o cliente?
   Resposta: Por meio de um anúncio feito no Facebook.
4. Qual é a sensação promovida por isso?
   Resposta: De vitória, pois a minha ideia teve retorno.

O objetivo de anotar tudo é desenvolver um hábito em que cada dinheiro feito é associado a uma conquista. O formato do exercício também pode ser utilizado para lidar com os gastos. Neste caso, ao anotar cada despesa, você também questiona a sensação relacionada a ela e, com isso, busca reduzir sua frequência.

O exercício "sentimento com o dinheiro", no entanto, não vai funcionar para uma pessoa com salário fixo. Imagine alguém que faça R$ 6 mil por mês em seu emprego. Se pegar o salário e dividir por trinta dias, chegará a R$ 200 por dia. No entanto, anotar esse valor em uma tabela não terá o efeito desejado, uma vez que não se trata de uma nova fonte de recursos, algo ligado ao aumento da produtividade dela.

Já um vendedor consegue aplicar esse exercício, mesmo que seja pago apenas uma vez por mês, pois irá experimentar um sentimento de conquista a cada venda que conseguir efetivar. Trata-se de algo diretamente ligado à produtividade dele. Há, portanto, muitas maneiras de fortalecer a autoestima, todas elas ligadas ao nosso autoconhecimento e ao desenvolvimento das estratégias corretas. Logo, para fazer dinheiro, você precisa, em primeiro lugar, buscar se conhecer melhor e fortalecer seu amor-próprio. A sua jornada para a riqueza terá início quando você começar a buscar o que tem de melhor dentro de si mesmo; por isso, nunca duvide dos tesouros que há de encontrar.

"Para fazer dinheiro, você precisa, em primeiro lugar, buscar se conhecer melhor e fortalecer seu amor-próprio. A sua jornada para a riqueza terá início quando você começar a buscar o que tem de melhor dentro de si mesmo."

CAPÍTULO 6

123 TRABALHAR O DINHEIRO QUE JÁ FEZ
    126 Paz financeira
    128 Fazer com pouco dinheiro
    131 Ingredientes para o sucesso
    133 Momento de escalar
    134 Será que existe riqueza fácil?
    137 Multiplicar com inteligência
    139 Investir corretamente
    140 Cada dinheiro com um propósito
    142 Use seu dom

TRABALHAR O DINHEIRO QUE JÁ FEZ

Já avaliamos a importância de fazer dinheiro, a chamada renda extra, utilizando estratégias e planejamento adequados para isso. Também verificamos o papel de gastar com propósito e consciência. Estes são alguns dos pilares da Ciência da Riqueza e das Múltiplas Inteligências Financeiras, mas há muito ainda a ser examinado sobre os caminhos que levam à vida próspera e abundante. Como afirma o Salmo 112, em seu versículo 3: "Fartura e riquezas estarão em sua casa, e sua justiça dura para sempre".

Neste capítulo, portanto, trataremos de como alguém pode trabalhar o dinheiro que já fez. Um passo a mais para a sua riqueza. Para começar, vamos ver a relação entre renda passiva e paz financeira, mas, antes, deixe-me fazer uma pergunta: você sabe o que é renda passiva? A expressão se refere àquele dinheiro que alguém recebe com pouco trabalho ou quase nenhum. Imagine uma pessoa que viva da renda que venha do aluguel de imóveis que tenha. Ela trabalhou para construir o patrimônio. Pode ser que seja dona de dez, quinze, vinte ou mil imóveis e viva daquilo que eles lhe rendem.

Nesse caso, no entanto, ela vai precisar receber os aluguéis, deverá ter um advogado para os contratos, terá que gerir uma relação com os inquilinos, administrar o risco de inadimplência, cuidar da manutenção dos imóveis etc. A renda é passiva, mas requer uma série de ações para que aquilo siga gerando resultados.

Outros tipos de renda passiva, porém, são diferentes. Imagine um grande escritor, como o norte-americano Napoleon Hill (1883-1970), autor de *As leis do triunfo*, de 1928, ou *Quem pensa enriquece*, de 1937. Até hoje, tais livros vendem muito no mundo todo, o que significa renda passiva para os familiares de Hill, que recebem sem precisar de quase nenhum esforço, embora mantenham um instituto com as lições e a memória do escritor.

Paulo Coelho, autor de *O alquimista*, de 1988, que se transformou no livro brasileiro mais vendido de todos os tempos,[15] também recebe até hoje uma renda passiva daquele enorme sucesso, sem que precise se esforçar para isso. O trabalho dele está em seus novos lançamentos, que vão lhe render ainda mais renda passiva. Tomara que estas páginas que você tem em mãos agora sigam pelo mesmo caminho.

No auge de sua vitoriosa carreira, o jogador Ronaldo Fenômeno assinou um contrato com a Nike que ainda lhe rende dinheiro mesmo após sua aposentadoria dos gramados.[16] A renda passiva, portanto, é o sonho de qualquer um. Trata-se da renda pela qual você já trabalhou; agora, ela trabalha por você.

Um cantor como Roberto Carlos, que gravou a música "Detalhes" em 1971, recebe direitos autorais a cada vez que alguém faz download da música no iTunes. Assim, ele pode considerar cada canção uma renda extra, que lhe garante uma renda passiva. No histórico de Roberto Carlos, aliás, não há um negócio que tenha dado errado. O Rei tem participação em empresas de empreendimentos imobiliários, cruzeiros marítimos e em uma editora de música.[17]

---

15 Informação fornecida por: ACADEMIA BRASILEIRA DE LETRAS. *Paulo Coelho – Biografia*. Disponível em: http://www.academia.org.br/academicos/paulo-coelho/biografia. Acesso em: 14 mar. 2020.

16 Conforme a seguinte matéria: NIKE celebra 25 anos de parceria com Ronaldo em evento em SP. *Máquina do esporte*, 19 dez. 2019. Disponível em: https://maquinadoesporte.uol.com.br/artigo/nike-celebra-25-anos-de-parceria-com-ronaldo-em-evento-em-sp_39024.html. Acesso em: 25 mar. 2020.

17 Informações obtidas em: CARDOSO, K. Os negócios do cantor Roberto Carlos.

Lembro certa vez que, em um dos meus treinamentos, um rapaz contou ser autor de uma canção que havia feito muito sucesso ao ser gravada por um grupo musical no passado. Segundo ele, aquilo ainda lhe rendia direitos autorais até os dias de hoje. A cada três meses, cerca de R$ 500 caíam em sua conta, sem nenhum esforço.

No pico do sucesso, no entanto, ele disse que chegava a receber R$ 120 mil por mês da canção, quantia que gastou com carros de luxo. Acabou ficando sem nada. Isso mostra como a renda passiva deve ser administrada com inteligência e reinvestida, pois pode se tratar de algo instável. O que funciona hoje não vai funcionar amanhã.

Faça como eu. Sempre que você for criar um produto, pense como ele pode continuar rendendo. Ou desenvolva um produto, venda e, com o dinheiro, pague as contas, mas reinvista uma parte do que restar, pois sempre deve sobrar algo. Você deve pensar em trabalhar para o seu produto uma vez, duas ou três; depois disso, ele vai seguir rendendo. Ele é que tem de ser seu escravo, e não você ser o escravo dele.

Outra coisa que precisa ser pontuada é que, ao criar um produto ou serviço, você precisa lembrar que tudo tem uma data de validade, por isso sempre pense em renovar ou atualizar seu produto ou serviço de tempos em tempos. Até marcas fortes como a Coca-Cola, por exemplo, fazem alterações em suas embalagens para se manter atual. E o bem-sucedido *O alquimista*, para atrair novos leitores, também ganha uma nova cara a cada reedição. Revise seus produtos e serviços e procure torná-los sempre relevantes.

Para quem não escreve como Napoleon Hill ou Paulo Coelho, não joga bola como o Ronaldo jogou, ou não canta como Roberto Carlos, a saída é investir. Procure por produtos financeiros que lhe garantam uma renda passiva. Com aquele dinheiro da sua

Você S/A, 17 dez. 2019. Disponível em: https://vocesa.abril.com.br/voce-rh/os-negocios-do-cantor-roberto-carlos/. Acesso em: 14 mar. 2020.

renda extra, você consegue investir. Não é necessário esperar ter um milhão para começar. Existem investimentos a partir de R$ 10. No entanto, é preciso fazer, pois nada disso vai acontecer sozinho.

Com os juros do dinheiro investido a partir da renda extra, será criada uma renda passiva. Ela deve ser reinvestida. A circulação entre renda extra e passiva naturalmente fará seus recursos crescerem, até que se tornem maiores que sua renda principal. Quando isso ocorrer, você nunca mais vai precisar trabalhar na vida.

Sempre digo que essa estratégia só não dá certo para quem desiste no meio do caminho ou para quem simplesmente não a aplica. Trata-se de algo simples e natural. É matemática. Enriquecer não é milagre, é um processo. Não adianta orar a Deus para ficar rico. Se fizer isso sempre, Deus vai cansar de você. Para enriquecer, as pessoas não precisam de milagre. Deve haver um processo para tanto. E isto é a soma de estratégia, plano de ação e inteligência.

PAZ FINANCEIRA

Em Lucas, no capítulo 14, versículos 28 a 30, está escrito: "Porque qual de vós, querendo edificar uma torre, não se assenta primeiro para calcular o seu custo, para ver se tem o suficiente para acabá-la? Para não acontecer que, depois de haver posto os alicerces, e não sendo capaz de acabá-la, todos os que a virem comecem a escarnecer dele, dizendo: 'Este homem começou a edificar e não foi capaz de acabar'".

Selecionei o trecho de Lucas para falar sobre planejamento. Lendo os exemplos que apresentei anteriormente, talvez você possa pensar: *Poxa, isso tudo é coisa para rico*. Nada disso. Qualquer um pode aplicar o que estou mostrando. E o que posso garantir é que quem faz isso fica rico. Sobre a criação de renda passiva, recomendo que ela seja feita sempre acompanhada por uma organização.

Ao criá-la, se planeje para que nos primeiros seis meses você utilize os rendimentos vindos dessa fonte a fim de pagar uma conta de consumo, como a da luz, por exemplo.

Seguindo essa lógica, com os juros, considere que, após um ano, ela já será suficiente para pagar a luz e o aluguel do imóvel. Depois de dois anos, além da luz e do aluguel, também pagará o supermercado e a escola das crianças. Pela programação, com três anos de renda passiva, ela pagará tudo o que já mencionamos, além das férias da família. Com um planejamento feito projetando cinco anos de renda passiva, você pode ter todas as suas contas pagas por ela. Para muita gente pode parecer um sonho, mas é uma técnica.

Claro, isso não necessariamente virá de um livro, uma música ou de aluguéis. Procure, então, investimentos como empresas com dividendos ou fundos imobiliários, por exemplo. São aplicações que trarão a você uma renda residual com frequência.

Podemos traduzir tudo isso como paz financeira.

Afinal, é justamente a falta de dinheiro para pagar as contas do dia a dia o que tira a paz de tantas pessoas. Não ter dinheiro para realizar o que você deseja, ou até para o supermercado... Isso é escravidão. A paz financeira, em contrapartida, é conquistada quando nossa preocupação com o dinheiro para o básico deixa de existir. Gosto de frisar que algum tipo de preocupação com o dinheiro sempre existirá, mas é ela de outra espécie.

Todo dia me preocupo com dinheiro, mas porque quero crescer sempre mais. Multiplicar, ir para um próximo nível, sempre buscando algo maior e melhor. No entanto, não me recordo da última vez que me preocupei com coisas básicas como pagar luz, água, telefone, escola dos filhos, plano de saúde, uma viagem nas férias. Isso tudo é o básico. Como diz o Salmo 23, em seus versículos 1 e 2: "O Senhor é meu pastor; nada me falta. Ele me faz deitar em verdes pastos; ele me conduz ao lado das águas serenas".

Ou seja, o senhor vai dar provisão do que eu preciso para sobreviver. Quando não tenho isso, perco a minha paz. Muitos tiram até a vida por não conseguirem prover sua família. A paz financeira, portanto, está ligada ao fato de ter dinheiro para as necessidades básicas. Quando isso vem de uma renda passiva, que é o grande foco da riqueza, chegamos ao ideal. Devemos, portanto, trabalhar sempre para gerar renda passiva.

FAZER COM POUCO DINHEIRO

Como sempre afirmo, não é preciso ser milionário para começar a investir. E, da mesma maneira, para iniciar um negócio que te traga a riqueza e a liberdade financeira, você não tem de gastar milhões. Ao longo da minha trajetória, construí empreendimentos com poucos reais ou até mesmo sem desembolsar nada. Posso afirmar que essa é uma das minhas grandes especialidades.

No capítulo 1, comecei a contar como criei o ICF com apenas R$ 14,90, valor pago para o serviço de hospedagem do site. Aliás, site que eu mesmo desenvolvi, além dos artigos, dos textos e das imagens que coloquei no ar na primeira versão. A partir dele, fiz uma postagem no Orkut, a rede social da época, equivalente ao Facebook de hoje, e passei a vender meus produtos por lá.

À medida que o dinheiro entrava, eu reinvestia no negócio. Criei um domínio novo, já que inicialmente utilizei um que eu já tinha, e, mais adiante, passei a fazer campanhas patrocinadas no Google. Depois disso, a coisa funcionou sozinha. Atualmente, trata-se de uma empresa avaliada em R$ 30 milhões.

> **"Sempre que você for criar um produto, pense como ele pode continuar rendendo."**

Se lá atrás desembolsei R$ 14,90 na origem do ICF, mais recentemente, para montar outro negócio, fui ainda mais econômico. A Semente Livraria (sementelivraria.com.br) foi criada em agosto de 2018 com investimento zero. Hoje, o rendimento dela é tão bom que somente com seu faturamento eu poderia pagar todas as minhas despesas. A princípio, era uma livraria apenas digital, mas atualmente também temos um espaço físico dela dentro de nossos eventos e, no futuro, lançaremos uma rede de franquias. Como fiz para criar tudo sem gastar sequer R$ 1? Afinal, qualquer operação de loja virtual tem custos.

Uma lição que aprendi desde cedo na minha vida foi a importância do networking, da conexão com as pessoas, de ter ao seu lado gente que possa o apoiar. Quando se é alguém que passa respeito, seriedade e em quem os outros confiam, muitas vezes o que custaria muito dinheiro pode chegar até você sem custos. Toda a operação da loja virtual da Semente foi um presente que ganhei do Alfredo Soares, empreendedor e autor do livro *Bora vender*[18], que é um grande parceiro em tudo que faço.

Alfredo tem uma empresa que desenvolve soluções em e-commerce, a VTEX, então ele me deu por alguns meses a gratuidade dessa operação, tempo suficiente para a livraria começar a faturar e se pagar. Conforme já havia feito na origem do ICF, negociei com um contador parceiro para que ele pagasse as taxas e não cobrasse o primeiro ano de operação em troca de uma relação de no mínimo três anos. Eu o pagaria a partir do segundo ano.

Todo o nosso estoque de livros foi feito em comodato, ou seja, de forma emprestada, com o apoio de amigos nossos, donos de livrarias ou escritores. No início da operação, a gestão foi feita por gente do nosso próprio time, que trabalhava em outras empresas nossas. Assim, não contratamos ninguém para lançar o projeto. A equipe que estava à frente da livraria foi sendo trazida à medida

---

18 SOARES, A. *Bora vender*: a melhor estratégia é atitude. São Paulo: Gente, 2019.

que o negócio passou a faturar, mas ela começou a vender e gerar receita sem que eu tivesse gastado sequer um centavo.

O ICF e a Semente são apenas dois exemplos, mas como se trata de um processo, utilizo a mesma metodologia sempre. Quando entramos na área de marketing digital, em 2014, por exemplo, comprei um treinamento, algo que custou em torno de R$ 5 mil, que foi feito pela minha filha Pérola. Todo valor investido, porém, retornou e foi novamente aplicado no negócio. Calculo que os R$ 5 mil iniciais retornaram em vinte dias.

Compramos ferramentas, contratamos uma equipe de especialistas e fizemos uma série de lançamentos de produtos e treinamentos, multiplicando o dinheiro inicialmente gasto. Apenas um dos lançamentos rendeu R$ 500 mil; portanto, aqueles R$ 5 mil renderam um negócio que atualmente vale algumas dezenas de milhões de reais. No momento em que escrevo este livro, estamos lançando um novo produto cujo investimento foi de R$ 3 mil, mas ele já nos rendeu mais de R$ 100 mil.

Cada uma dessas histórias nos ensina a necessidade de investir com criatividade e estratégia, sabendo quais áreas e assuntos nós dominamos, e o valor da amizade. Muitos acreditam ter um monte de amigos, mas, se procurar entre eles, não encontrarão nenhum que possa ajudá-los a crescer. Ou, caso tenham alguém, a pessoa não confia neles e, portanto, nenhuma parceria irá avançar dali. Esse tipo de relacionamento, no entanto, é muito importante, pois diminui custos na hora de fazer dinheiro novo.

No capítulo anterior, vimos como fazer dinheiro. Aqui, o leitor deve pensar em como fazer seu dinheiro trabalhar para você. Para que isso aconteça, quais técnicas você domina? Talvez sua resposta seja: "Ah, Roberto, não domino nada". Tudo bem. Neste caso, minha pergunta é outra: entre as pessoas que você conhece, a quem poderia propor uma parceria e criar um negócio que lhe gerasse renda crescente? Digo isso porque o conteúdo a ser entregue não precisa ser necessariamente produzido por você, mas, claro, para conseguir uma parceria, você deve ser especialista em algo que contribua para o negócio.

Agora, se disser que não é especialista em nada, bom, aí devo ser franco: não vai conseguir nada na vida se não tiver algo a oferecer. Se essa for a sua realidade, você precisa urgentemente estudar e se tornar especialista em alguma coisa, pois só assim conseguirá vencer. Tentar enriquecer sem especialização é o mesmo que procurar milagre. Portanto, especialize-se e busque aqueles que te apoiem. Nada vai cair no seu colo, assim como o próprio Senhor nos ensina, ao afirmar que distribui o talento conforme a capacidade das pessoas.

Em Mateus, no capítulo 25, versículo 15, está escrito: "E a um deu cinco talentos, e a outro dois, e a outro um; a cada homem segundo as suas habilidades; em seguida, foi viajar". Busque sempre desenvolver novas capacidades e novos talentos em sua vida.

INGREDIENTES PARA O SUCESSO

Para iniciar negócios sem muito dinheiro, você precisa de criatividade, de certa dose de ousadia, ser alguém confiável para os outros, ter autoridade no assunto sobre o qual quer empreender e ter networking qualificado, ou seja, a conexão com pessoas certas, aquelas que agreguem a você e ao seu projeto. Aprendi isso na prática, ao longo dos altos e baixos da minha trajetória.

Quando comecei a empreender e quis ter meu posto de gasolina, usei a criatividade a fim de determinar o local e as estratégias para montar o negócio. Não havia completado 18 anos quando consegui comprar o terreno, por exemplo, portanto foi preciso coragem para levar adiante aquele objetivo. Apesar de muito novo, eu já demonstrava ser um rapaz muito sério e dominava aquele ramo, já que trabalhava no posto de gasolina desde os 13 anos.

Para aterrar o terreno, estabeleci uma permuta com uma pessoa conhecida do posto em que eu trabalhava. Ele fez o serviço em troca de óleo diesel que eu lhe forneceria assim que o meu posto entrasse em funcionamento. Com as certidões necessárias para a abertura da empresa, fiz algo similar: troquei o valor a ser pago por lavagem dos carros do dono do cartório no futuro posto. Naquele momento, o negócio era apenas um sonho e poderia dar errado, mas não deu justamente porque houve quem confiasse em mim. Daí a importância de conhecer as pessoas certas.

> "A paz financeira é conquistada quando nossa preocupação com o dinheiro para o básico deixa de existir."

Anos depois, à medida que perdi tudo o que tinha conquistado e precisei me reerguer, fui estudar as razões que haviam me levado ao movimento de ascensão e queda. A partir disso, desenvolvi as técnicas do coaching financeiro. Atualmente, me divirto montando novos negócios com pouco dinheiro ou quase nenhum. Para chegar até isso, no entanto, são muitos anos a fim de ter domínio do assunto e muita criatividade.

Há três anos, por exemplo, decidi testar uma técnica em que eu iria investir R$ 25 mil em um produto nosso e queria que ele me rendesse R$ 1 milhão após oito meses. Ao colocar em prática, deu certo. Oito meses depois, os R$ 25 mil se tornaram R$ 1,2 milhão. Repeti o processo por oito vezes, aperfeiçoando e conseguindo reduzir o tempo de retorno do investimento, mantendo a mesma rentabilidade, escalando. Por fim, os R$ 25 mil já renderam cerca de R$ 9 milhões com estratégia, criatividade e inteligência.

MOMENTO DE ESCALAR

Se você já compreendeu que sua riqueza está vinculada à criação de negócios e de novas fontes de renda, agora quero falar sobre um conceito importante nesta área: o ato de escalar um empreendimento. Antes de explicar como você pode fazer isso, porém, vamos ver a diferença entre fazer uma empresa crescer e escalar.

Imagine que tenho uma equipe de dez vendedores em meu negócio e que, ao todo, eles vendem R$ 500 mil por mês. Logo, cada vendedor vende, em média, R$ 50 mil ao mês. No entanto, decido que quero passar a vender R$ 1 milhão por mês e, para isso, contrato mais dez vendedores. Com minha nova equipe, agora com vinte profissionais, alcanço minha meta. Claro, no exemplo estou simplificando ao máximo para facilitar o entendimento do conceito, uma vez que para vender mais você precisa de consumidores, entre muitas outras ações.

Anteriormente falamos sobre crescimento, pois, ao contratar mais gente, toda a estrutura também se ampliou. Aumentaram despesas com férias, 13os salários, vales-transportes, ao mesmo tempo que a empresa, uma vez que passou a contar com mais pessoas, teve maior incidência de faltas, por exemplo.

Já quando falamos em escalar, e usando o mesmo exemplo, estamos considerando ampliar as vendas, mas com estratégia. Em vez de contratar mais profissionais, você iria investir na capacitação e no treinamento dos seus dez vendedores, para que eles saltassem daquele resultado de R$ 50 mil/mês, em média, para os almejados R$ 100 mil/mês. Seria preciso conscientizar a equipe a respeito de produtividade. Também deveria ser feita uma análise sobre em quais horários cada integrante tem melhor desempenho, a fim de realizar ajustes.

Com isso, você aumentaria as vendas, mas sem acréscimo nos custos fixos. Só alguns custos variáveis, como impostos e logística, sofreriam algum aumento. Dessa maneira, quando escalo um negócio, eu consigo melhores resultados, mas com um custo reduzido.

Se o assunto são produtos digitais, como um workshop on-line, por exemplo, os custos para distribuir para cem pessoas ou mil é praticamente idêntico. Apenas o trabalho de marketing é diferente. Já um workshop realizado em um espaço físico para cem ou mil participantes requer a locação de um local adequado ao tamanho do seu público, dimensionando segurança, logística e mais uma série de pontos. Escalar no universo digital, portanto, é mais barato e mais simples de ser feito.

No entanto, não importa se o que você faz é físico ou digital, será preciso sempre escalar. Você deve buscar mais, fazer seu produto ou serviço chegar ao maior número de pessoas possível. Pense na Disney, por exemplo, que está com seus produtos e personagens na casa de praticamente todos nós, na forma de uma camiseta, uma caneca ou sendo consumido como um filme ou desenho.

Inúmeras vezes, a pessoa cria um produto muito bom, mas não consegue entregá-lo. Falta a logística adequada e o negócio é difícil de escalar. Pense que o seu produto pode ser excelente, mas não vai adiantar nada se ele não chegar aos consumidores. Você precisa fazê-lo chegar, mas de uma forma inteligente e barata, pois há quem aumente tanto seus custos que a conta não fecha.

SERÁ QUE EXISTE RIQUEZA FÁCIL?

Em minhas palestras, sempre explico que fazer dinheiro é um processo simples, mas que exige muito trabalho, disciplina, persistência, mudanças de hábitos, conexão com as pessoas certas, estudo e busca por informação o tempo todo. Ou seja, não existe dinheiro fácil. Certa vez, no entanto, um amigo que participava de um evento meu me procurou para dizer: "Roberto, você disse tudo aquilo ali, alertou, mas as pessoas gostam de ser enganadas". Fiquei com aquilo na cabeça e confesso que, às vezes, quando tomo conhecimento de algumas situações, acabo concordando com o que ele disse.

Fundada em 1890[19], a bolsa de valores passou a se chamar Bovespa em 1967, mas desde 2017 se tornou a B3, em referência às letras iniciais de Brasil, Bolsa, Balcão, nome recebido após uma fusão da BM&FBOVESPA e da Cetip SA – Mercados Organizados. Estamos falando, portanto, de um negócio de 130 anos. No entanto, somente em 2019, a bolsa de valores brasileira registrou pela primeira vez em sua história mais de um milhão de investidores.[20]

Ao prometer inacreditáveis lucros de 3% ao dia[21] ou aumento de 100% do capital em seis meses, a Unick Forex conseguiu entre 2013 e 2019 atrair cerca de 1 milhão de pessoas, que viram na oferta um excelente negócio. Ou seja, a marca que a bolsa conquistou após cento e trinta anos de operação foi atingida em apenas seis anos pela Unick. Em 2019, contudo, após uma investigação da Polícia Federal, a empresa foi acusada de ser um esquema de pirâmide,[22] com milhares de pessoas tentando reaver o dinheiro investido, mas sem êxito.

Nessas horas, o que me vem à mente é que qualquer pessoa com um pouco de conhecimento sobre investimentos irá desconfiar de ganhos tão extraordinários. Pegue aquele que é

---

19 Para saber mais sobre a Bovespa, consulte: BM&FBOVESPA. *História da Bolsa*. Disponível em: http://www.acervobmfbovespa.com.br/History. Acesso em: 13 jan. 2020.

20 Informação obtida em: HISTÓRICO pessoas físicas. *Brasil, Bolsa, Balcão ([B]³)*. Disponível em: <http://www.b3.com.br/pt_br/market-data-e-indices/servicos-de-dados/market-data/consultas/mercado-a-vista/historico-pessoas-fisicas/> Acesso em: 13 jan. 2020.

21 Segundo reportagem de LAPORTA, T. As promessas da Unick Forex, alvo da CVM que deixou clientes na mão. *Exame*, 7 fev. 2020. Disponível em: https://exame.abril.com.br/mercados/as-promessas-da-unick-forex-alvo-da-cvm-que-deixou-clientes-na-mao/. Acesso em: 13 fev. 2020.

22 Mais detalhes sobre a investigação podem ser obtidos em: EMPRESA que prometia ganho de 3% ao dia é suspeita de pirâmide financeira. *UOL*, 19 set. 2019. Disponível em: https://economia.uol.com.br/noticias/redacao/2019/09/19/piramide-financeira-criptomoedas-unick-forex-rs.htm. Acesso em: 13 fev. 2020.

considerado o maior investidor do mundo, o norte-americano Warren Buffett, terceiro homem mais rico do planeta, com fortuna estimada em 82,5 bilhões de dólares em 2019.[23] A média anual de retorno dos investimentos de Buffett fica entre 17% e 20%. Se o resultado do melhor do mundo é esse, como alguém pode acreditar em 3% ao dia?

Qualquer oferta como essa, bem acima das taxas usuais, levanta suspeitas. Muita gente, porém, se deixa levar pela falta de conhecimento e por certa ganância, acreditando que vai enriquecer do dia para a noite. Pirâmides financeiras existem desde sempre e nunca deixarão de existir, no Brasil e mundo afora. Entre 2014 e 2017, uma infinidade de pessoas em diversos países investiu dinheiro na OneCoin, uma criptomoeda que prometia rendimentos impressionantes. Quando ficou claro que se tratava de uma pirâmide e tudo ruiu, o esquema havia recebido recursos equivalentes a R$ 21 bilhões.[24]

Ao longo da minha trajetória, venho ensinando a Ciência da Riqueza, algo que poderíamos comparar com uma pílula para atingir a liberdade financeira. No entanto, quem quiser se tornar rico terá que não só tomar a pílula, como também dedicar tempo e muito trabalho para conquistar a riqueza. Muitos, porém, parecem não querer isso, preferindo acreditar em soluções para terem liberdade financeira no dia seguinte. Mas isso não existe.

Falamos sobre a importância de controlar gastos e fazer dinheiro, o que significa uma série de tarefas fundamentais para saber para onde o seu dinheiro está indo. Por si só, contudo, isso não

---

23 Essa personalidade está classificada como uma das mais ricas do mundo no seguinte ranking: BILLIONAIRES – The Richest People in the World. *Forbes*, 5 mar. 2019. Disponível em: <https://www.forbes.com/billionaires/#28fdf055251c> Acesso em: 13 fev. 2020.

24 Mais informações sobre Ruja Ignatova podem ser obtidas em: BARTLETT, J. 'Rainha da criptomoeda': A mulher que enganou milhares de investidores e depois desapareceu. *UOL*, 26 set. 2019. Disponível em: https://economia.uol.com.br/noticias/bbc/2019/11/26/rainha-da-criptomoeda-a-mulher-que-enganou-milhares-de-investidores.htm. Acesso em: 13 fev. 2020.

deixa ninguém rico, mas tal organização é a base para se preparar para a riqueza. Para ficar rico é preciso escalar o seu dinheiro e, com criatividade, atrair novos negócios, a partir das informações que você recebe. As pessoas ricas não construíram suas fortunas em uma semana. Trata-se de um trabalho que leva alguns anos para que os frutos sejam colhidos.

MULTIPLICAR COM INTELIGÊNCIA

Falamos sobre como as pessoas devem fazer mais dinheiro, mas é preciso também multiplicar com inteligência os recursos que você já fez. Como está dito em Mateus, no capítulo 25, versículos 20 e 21: "Então, chegando o que recebera cinco talentos, trouxe-lhe outros cinco talentos, dizendo: 'Senhor, tu me entregaste cinco talentos; eis aqui cinco talentos a mais que eu ganhei'. Disse-lhe o seu senhor: 'Muito bem, servo bom e fiel; foste fiel sobre poucas coisas, eu te farei governante sobre muitas coisas; entra na alegria do teu senhor'".

Quem se esquece da etapa da multiplicação comete um erro grave. Sei disso, pois no passado foi algo que fiz e aprendi com tais equívocos. Quando conquistei minha independência financeira, tinha apenas 21 anos. Na época, meu foco estava totalmente voltado para o meu negócio, o posto de gasolina. A partir dele, passei a fazer mais dinheiro e ampliar, investindo em novos negócios. Eu comprava um terreno ali, um apartamento acolá, mais um prédio; depois, construía outro edifício, mais um posto. Gostava daquele desafio e passava o tempo todo pensando em ampliações.

Naquele modelo, porém, eu me esqueci da liquidez. Não fiz caixa, pois não investi meu dinheiro para conseguir uma rentabilidade interessante. Com isso, quando algum obstáculo surgia, eu não tinha alternativa a não ser vender alguma coisa para conseguir dinheiro e seguir nos negócios. No entanto, quando temos que vender algo rapidamente, muitas vezes fazemos isso por um preço abaixo do mercado. E perdemos dinheiro. Isso quando não nos coloca naquilo que chamo de confusão financeira.

Certa vez, ainda nesta fase da minha vida, precisava de dinheiro para a reforma de um posto e, com isso, decidi vender outro posto que tinha, a fim de obter os recursos necessários rapidamente. No entanto, acabei vendendo o posto para pessoas que se revelaram golpistas e que não me pagaram. Ao final, fiquei sem o posto, sem o dinheiro da venda e, por consequência, sem recursos para a reforma, que era o meu objetivo.

Quais lições tirei dali? Se tivesse caixa, não precisaria ter vendido o posto e escaparia do golpe. Eu teria feito a reforma e mantido meu negócio firme. Seja na pessoa física ou jurídica, portanto, você precisa criar um colchão financeiro, uma reserva emergencial para manter sua vida funcionando diante de adversidades, e pagar sua luz, água, telefone, aluguel. Veremos o passo a passo para tanto no próximo capítulo.

Além disso, também recomendo que você tenha o que chamo de colchão de oportunidades, que são recursos para poder crescer sempre que surgir uma chance. Diante de circunstâncias favoráveis para um bom negócio, muito empreendedor

> **"Tentar enriquecer sem especialização é o mesmo que procurar milagre. Portanto, especialize-se e busque aqueles que o apoiem."**

pode se ver sem condições de realizá-lo, por ter todos os seus recursos imobilizados e não possuir liquidez.

Um dos segredos da riqueza é manter um fluxo de caixa líquido, algo que deve ser aplicado dentro do conceito da Ciência da Riqueza.

No dia a dia, ninguém está imune a ficar doente, ou bater o carro, ou ter uma geladeira que quebre em casa. Sem liquidez, fica-se à mercê de todos esses imprevistos. Quando vejo notícias sobre calamidades, como enchentes, por exemplo, fico imaginando quem tem o carro arrastado por uma enxurrada ou uma casa invadida pelas águas. Ou um comércio. E me pergunto: "Como será o amanhã para essas pessoas? Será que o carro estava pago? Além do prejuízo, o dono terá que arcar com as parcelas do financiamento? Como quem perdeu uma geladeira ou fogão fará para comprar o que foi danificado? O comerciante tinha reservas? Ou precisará recorrer aos bancos e pagar juros altos para conseguir trabalhar?". Nessas ocasiões, fica clara a importância de se ter liquidez para evitar prejuízos ou dívidas com bancos, algo capaz de se tornar uma bola de neve.

INVESTIR CORRETAMENTE

Multiplicar o dinheiro que você já fez é tão importante quanto fazer mais dinheiro. Mas por quê? Existem pessoas que trabalham, trabalham e trabalham e, assim, conseguem fazer dinheiro e até guardá-lo; na hora de investir, porém, optam por produtos financeiros ruins, que pagam abaixo da inflação. Vamos supor que alguém guardou R$ 50 mil em doze meses, investiu com uma taxa de 6% ao ano, mas naquele período a inflação chegou a 10%.

Logo, os R$ 50 mil originais se transformaram em R$ 53 mil. Com a inflação, porém, ele perdeu poder de compra, já que precisaria de R$ 55 mil neste ano para adquirir algo que um ano antes custasse R$ 50 mil. O capital dele, portanto, sofreu uma deflação de R$ 2 mil no ano, o que não é pouca coisa.

Vamos inverter o raciocínio agora. Imagine a mesma pessoa que guarda R$ 50 mil em um ano em um cenário de inflação a 10% no período. Dessa vez, ela consegue um investimento que lhe garante 20% de rendimento ao ano. Ao final do período, terá R$ 60 mil. O poder de compra dela está garantido com os R$ 55 mil e ainda sobraram R$ 5 mil. E, seguindo nesta linha, vamos considerar que ela pegue os R$ 5 mil – o que dá R$ 416,67, se o valor for dividido por doze meses – e reaplique continuamente. Se o fizer por trinta anos, ou trezentos e sessenta meses, com uma taxa de 1,5% ao mês, ao final do período, terá R$ 5.880.707,63.

Eis o poder da multiplicação: R$ 416,67 se tornaram quase R$ 6 milhões com um investimento adequado, acima da inflação, mas isso requer estratégia e inteligência para lidar com as finanças. Por essa razão, se voltarmos ao exemplo de quem trabalha muito para fazer dinheiro, porém investe de maneira equivocada, iremos verificar que, ao aplicar seu dinheiro abaixo da inflação, ele ficará mais pobre a cada dia, pois perderá o poder de compra, com a deflação sobre seu patrimônio. Seria o mesmo que nadar contra uma corrente: você dá muitas braçadas, mas está sempre indo mais para trás.

Na hora de multiplicar os seus recursos, portanto, é importante ter sabedoria e o apoio de um bom agente de investimentos, um coach, mentor ou consultor para lhe dar orientações.

CADA DINHEIRO COM UM PROPÓSITO

Se há uma pergunta que me fazem praticamente todo dia é: "Roberto, qual é o melhor investimento?". E minha resposta é: depende. Porque a primeira coisa que qualquer pessoa precisa saber é o que quer da vida com o dinheiro. Não existe "um melhor investimento". O melhor investimento é aquele que atenda ao seu objetivo. E isso varia muito.

Vamos imaginar dois homens de 28 anos. Enquanto um deles é casado, tem dois filhos e mora de aluguel, o outro é solteiro, sem filhos, e já tem uma casa própria. Será que o melhor investimento para um deles se aplica ao outro? Certamente não, uma vez que estamos falando de perfis de pessoas distintas com despesas bem diferentes.

Da mesma maneira, o investimento adequado a um trabalhador autônomo, que tem uma renda variável, ganha bem em um mês e mal em outro, não será igual ao de um servidor público que tem uma renda estável. Portanto, você sempre deve ter claro qual é o seu objetivo ao investir, para saber como alcançá-lo. Uma pessoa que queira comprar uma casa própria, por exemplo, precisa definir em quanto tempo quer atingir essa meta. É a partir disso que será possível concluir qual investimento é o mais adequado para sua realização.

O raciocínio é igual para planejar as férias da família daqui a seis meses, ou a aposentadoria daqui a trinta anos. Cada propósito requer um tipo de investimento. Sempre digo que, na fé, cada dinheiro é um propósito. Investir é exatamente isto: um propósito para cada situação.

No entanto, como estabelecer isso?

Para ter clareza dos seus objetivos, anote. Escreva cada objetivo, seguido do valor de que você precisa, para simular, e o tempo para realizá-lo. É preciso estudar e se especializar sobre investimentos. Melhor do que contar com o gerente do banco, o agente autônomo de investimento ou um consultor, é contar com você mesmo para desenvolver um conhecimento a fim de aplicar com inteligência.

USE SEU DOM

Já falei sobre a importância da criatividade, mas ela é diferente de sonho. Quem deseja ter um carro ou uma casa precisa fazer esse sonho impulsionar a criatividade. Vamos supor que eu queira ter um Porsche amanhã. A primeira coisa que preciso saber é quanto custa esse desejo. Ao pesquisar, descubro: R$ 600 mil. Neste momento, o sonho passa a ter um valor concreto. A partir disso, já começo a pensar fora da caixa, com o intuito de criar um projeto para fazer o dinheiro e realizar meu objetivo: comprar o Porsche.

Veja, eu ainda não tenho o caminho até minha meta. Por onde começar, então? Para executar, você precisa saber quais são as suas habilidades. Quais dons você recebeu? Dom não é aquilo que você consegue desenvolver após muitos anos em uma mesma atividade. Dom é algo que a gente recebe de Deus e desenvolve no nosso dia a dia.

No meu caso, todos os dias, muitas pessoas me perguntam – tanto pela internet como pessoalmente, sendo parado na rua – sobre Deus e sobre como investir, como fazer gestão financeira, como ficar rico. Este, portanto, é o meu dom. Eu não fui buscá-lo; ele surgiu em um determinado momento da minha vida. É importante desenvolver tal consciência para que consigamos aquilo que queremos.

Em Romanos, no capítulo 12, versículos 6 a 8, está escrito: "Então, tendo diferentes dons, segundo a graça que nos foi dada, se for profecia, profetizemos segundo a medida da fé; se é ministério, seja em ministrar; se é ensinar, haja dedicação no ensinar; ou o que exorta, na exortação; o que reparte, faça-o com simplicidade; o que governa, com diligência; o que demonstra misericórdia, com alegria". Ou seja, o que devemos fazer na vida tem de estar de acordo com o dom que Deus nos deu como missão na Terra, e ser bem-feito. Quando temos consciência do dom que nos foi dado, conseguimos desenvolver coisas incríveis. Posso afirmar, pois já vi isso ocorrer muitas vezes em minha vida.

Um dos cursos de maior procura entre todos os que já criei é o Livre de Dívidas[25], desenvolvido há mais de dez anos. Mas como nasceu a ideia? Lembro-me de estar no Rio de Janeiro, aonde fui em razão de um compromisso. Precisava ir ao centro da cidade, então preferi fazer o trajeto de metrô. Na entrada da estação, peguei um desses jornais de distribuição gratuita e, ao entrar no vagão, sentei e passei a ler o que havia recebido.

Desde os meus 10 anos, sempre inicio a leitura de um jornal a partir da última página até chegar ao começo, ou seja, no sentido oposto ao que normalmente todos fazem. Esse hábito teve origem com uma recomendação de um tio meu, que à época me disse: "Roberto, sempre que você pegar um jornal, leia de trás para frente e só dedique seu tempo aos artigos. Não perca tempo com as notícias, pois notícia você vê o dia todo".

Naquele dia, ao seguir minha tradição, com o jornal no metrô, me deparo com um artigo assinado por um advogado que integrava a diretoria da Ordem dos Advogados do Brasil (OAB). No texto, o autor falava sobre a quantidade de pessoas endividadas e inadimplentes na capital fluminense. Achei aquilo interessante, peguei uma caneta, pois sempre carrego uma no bolso, e passei a anotar na página do artigo algumas considerações, que seriam um rascunho para um curso de como eliminar dívidas. Ali, no vagão, elaborei toda a estrutura do curso, tudo o que era relevante ensinar a alguém endividado. Ao chegar à minha estação de destino, ainda com algum tempo livre, perguntei a um segurança onde existia uma *lan house* na região.

Na *lan house*, comprei crédito para usar um dos computadores, um equipamento antigo e horroroso, e digitei o roteiro do curso que havia feito como rascunho no jornal. Em seguida, criei um canal para uma página de vendas, por meio de um botão da PagSeguro, e enviei um texto para a minha lista de e-mails, no qual

---

25 Mais informações sobre o curso podem ser obtidas no site livrededividas.com.br.

explicava que dali a quarenta dias ministraria um curso on-line sobre como se livrar das dívidas. Fiz tudo em uma hora e segui para o meu compromisso.

Retornei para a minha casa e decidi ver a página da PagSeguro. Para minha surpresa, já havia R$ 72 mil em vendas do curso que eu divulgara apenas quatro horas antes. Naquele momento, eu estava sem curso para entregar, já que tudo o que tinha feito era um roteiro com base no artigo do jornal, mas possuía total conhecimento do assunto, domínio das estratégias para montar um curso e habilidade para realizá-lo.

Naquele mesmo dia, enviei um e-mail a todos os compradores do treinamento, para agradecê-los. Tinha quarenta dias para entregar tudo. Trata-se, no entanto, de um curso que consigo estruturar em quarenta minutos, pois é um assunto sobre o qual falo o tempo todo. Passados os dias, entreguei o treinamento, que se tornou o mais vendido em termos de unidade do ICF.

O curso, portanto, foi fruto de criatividade, estratégia e execução. Quando algo assim acontece, sinto a presença de Deus em minhas decisões. Em 50 anos de vida, nenhum produto que lancei deu errado. É preciso entender o dom de Deus na sua vida. Ele emprestou esse dom para você executar aqui na Terra. O dinheiro, portanto, está na simplicidade e em fazer bem-feito aquilo que você faz todo dia. Ao realizar isso com competência e inteligência, você terá retorno financeiro. Aliás, dinheiro é dom de Deus na nossa vida.

ANOTE AQUI OS SEUS OBJETIVOS PARA INVESTIR!

CAPÍTULO 7

147 PRESERVAR A VIDA
  151 Você tem um plano para a sua saúde?
  154 Pague pelo que faz sentido
  156 Faça um seguro de vida
  158 O paradoxo do seguro
  160 Proteja sua aposentadoria
  162 Cuide dos seus bens

PRESERVAR A VIDA

Gastar com propósito, saber fazer dinheiro e multiplicar o que já tem. Agora que você conhece muitos detalhes sobre cada um desses pontos, vamos falar a respeito da importância de proteger o seu patrimônio e a sua vida. Será que você tem um bom colchão financeiro, plano de saúde, seguro de vida e patrimonial ou faz a manutenção dos seus bens? Seu planejamento financeiro deve considerar uma série de ações a fim de que seus recursos sejam preservados. Afinal, em qualquer que seja a modalidade, saber defender bem é tão importante quanto atacar com eficiência. Com seu dinheiro não pode ser diferente.

Vamos começar pelo colchão financeiro, algo que já mencionamos em capítulos anteriores. Trata-se de um importante dispositivo a ser considerado em qualquer planejamento de finanças pessoal. Mas, afinal, o que significa esse conceito? O colchão financeiro é o termo utilizado nos processos de coaching financeiro para designar a chamada reserva emergencial, expressão como ele é conhecido na educação financeira tradicional.

Podemos dizer que o colchão é uma das coisas mais importantes que existem, sobretudo para quem está começando a vida, para quem tem uma reserva financeira ainda limitada e para pessoas que têm dificuldade de fazer dinheiro. No entanto, até quem tem mais habilidade para fazer dinheiro deve ter um colchão financeiro; do contrário, poderá enfrentar sérios problemas com seus recursos.

Quando perdi tudo o que havia construído, um dos motivos foi justamente não ter um colchão financeiro adequado. Aprendi com aquela lição. Outro ponto é que ter reservas é algo que serve tanto para a pessoa física como para a pessoa jurídica.

Por onde começar? Ao considerar a realidade brasileira, a pessoa que cria seu colchão financeiro deve ter em mente um período de doze meses. Diferentemente de outros lugares, em que seis meses é tempo suficiente para o cálculo, aqui temos altas taxas de juros, custos altos, baixa produtividade e alta carga tributária. Dessa maneira, o custo de vida no Brasil faz a gente precisar de um colchão financeiro maior.

Para calcular o tamanho do seu colchão, o primeiro passo é levantar quanto você gasta por mês, ou seja, o seu custo de vida mensal. Um exemplo: vamos supor que alguém precise de R$ 5 mil por mês para pagar todas as contas e sobreviver. Ao pegar esse valor e multiplicar por doze meses, ele chegará ao montante de R$ 60 mil. Essa, portanto, é a quantia do colchão financeiro a ser considerada para essa pessoa.

Outra questão quando falamos de colchão financeiro diz respeito à disponibilidade dos recursos. É preciso ter esse dinheiro guardado e investido em uma aplicação de baixo risco e que permita a retirada do valor de forma rápida. A quantia do colchão não pode ser feita em um investimento que a deixe presa por dois ou três anos. A ideia é que o indivíduo possa sacá-la assim que precisar. Por exemplo, imagine que amanhã alguém bata o carro e tenha de pagar uma franquia. Ele deve ter esse dinheiro disponível a qualquer momento. O tempo de espera tem que ser apenas o da transferência de uma aplicação para a conta dele.

Em alguns casos, no entanto, quando a pessoa tem uma estabilidade melhor ou um bom fluxo de caixa, pode considerar outros tipos de investimento para compor o colchão financeiro. Nessas circunstâncias, ela pode variar seus investimentos, colocando parte em produtos que lhe permitam uma liquidez imediata e outros com resgate em três meses. Ao diversificar, consegue melhorar as taxas de retorno do colchão financeiro dela, algo que sempre é muito positivo.

O colchão também deve ser reavaliado a cada ano, considerando a inflação no período, a fim de reduzir eventuais perdas com a deflação. Se houver perdas para a inflação, a pessoa terá que remanejar recursos de outro lugar a fim de manter seu colchão financeiro no mesmo nível que antes. Outro ponto que precisa ser sempre levado em conta são eventuais mudanças no padrão de vida.

Vamos supor que o indivíduo em questão passe a ganhar mais ou recebeu um bônus. Com isso, decide mudar o filho de escola, iniciar um curso de inglês, frequentar uma academia ou contratar um personal trainer. Qualquer variação dentro do seu custo mensal vai impactar no cálculo do colchão financeiro. Imagine alguém que gastava R$ 5 mil e passou a gastar R$ 6 mil. O colchão financeiro saltará para o valor de R$ 72 mil (R$ 6 mil x doze meses). Será preciso compor mais para não ir perdendo o colchão financeiro.

> **"O colchão financeiro é o termo utilizado nos processos de coaching financeiro para designar a chamada reserva emergencial."**

Agora, vamos voltar àquele primeiro exemplo, o de alguém que precisava de um colchão de R$ 60 mil para doze meses. Consideremos que essa pessoa conseguiu investir acima da inflação do período, chegando a R$ 66 mil por ano, ou seja, R$ 500 a mais por mês. O que ela deve fazer com os R$ 6 mil que sobraram em doze meses? Neste caso, não deve manter no colchão, pois é possível procurar investimentos com melhores rendimentos.

Supondo que ela vá viver mais trinta anos, ou trezentos e sessenta meses, e consiga uma taxa média de 1,5% ao mês, sobre os R$ 500 que conseguirá investir por mês, ao final do período terá R$ 7.056.292,70. Ou seja, um colchão bem investido pode deixar uma pessoa milionária só com a sobra de R$ 500/mês. Muita gente não consegue perceber isso no dia a dia, por isso é preciso sempre agir com sabedoria e ter estratégia para criar o seu colchão financeiro.

Ressalto que sempre utilizo uma taxa de 1,5% ao mês, mas apenas para que possamos fazer o exercício, como no exemplo anterior. E, como já afirmei antes, trata-se de uma taxa que nenhum banco irá apresentar ao cliente, mas pode ser encontrada por quem estudar sobre financiamentos. Outro ponto que gosto sempre de destacar é que em nenhum desses exemplos estou dando algum tipo de recomendação sobre o investimento A ou B, uma vez que isso é uma prática vetada pela instrução 497 da Comissão de Valores Mobiliários (CVM), que dispõe sobre a atividade de agente autônomo de investimento.

Ainda a respeito do colchão financeiro, em algumas circunstâncias, a pessoa não precisa de um de doze meses. Por exemplo, um servidor público, que tem estabilidade no emprego, pode fazer seu colchão considerando gastos de seis meses. Por ter probabilidade remota de ficar desempregado, ele deve manter um colchão para o caso de ter que pagar uma franquia de seguro de carro ou para o caso de algum eletrodoméstico quebrar em casa. Como vemos, o colchão vai variar de acordo com a fase da vida em que o indivíduo está, o seu estilo de vida, o seu fluxo de caixa.

Já para aqueles que têm muita habilidade em fazer dinheiro, falaremos mais adiante sobre outro tipo de reserva diferente, o colchão de oportunidades.

Quem tem facilidade de fazer caixa também pode fazer um colchão financeiro menor e investir para ter um colchão de oportunidades. Esse tipo de reserva serve para comprar ações quando elas estiverem mais baratas, ou comprar um terreno ou um carro a um preço abaixo do mercado, que depois pode ser revendido. Ou seja, o colchão de oportunidades deve multiplicar seu dinheiro, tal como descrito na "Parábola dos talentos".

Assim como na vida pessoal, é preciso ter um colchão financeiro pensando na sua empresa. Neste caso, no entanto, trata-se de outro tipo de estratégia, aquela que ensinei na introdução deste livro. É preciso criar vários potes: para os custos fixos, para os custos variáveis, para seu capital de giro, para seu fluxo de caixa, para custos esporádicos de manutenção, para questões trabalhistas, como rescisões, 13º, férias etc.

Além de serem diferentes potes, de preferência, não se deve misturar esses recursos. Deixe investido, cada um em um fundo diferente. Crie um ativo financeiro distinto para cada um e dê nomes para eles. Utilize a técnica de criar potes e você terá mais segurança financeira para empreender e chegar à riqueza.

VOCÊ TEM UM PLANO PARA A SUA SAÚDE?

O colchão financeiro é uma forma de garantir sua proteção em uma situação emergencial, como a perda de um emprego, por exemplo. No dia a dia, porém, também é preciso tomar alguns cuidados. Ter um plano de saúde é algo fundamental, mas o que devemos levar em conta na hora de fazer um? No Brasil, sabemos que em algumas cidades há saúde pública de boa qualidade, porém, infelizmente, são poucas.

A primeira coisa que uma pessoa precisa verificar, portanto, é a situação do sistema público de saúde na cidade dela, se o atendimento é de qualidade, se há fila etc. Caso as condições sejam

> **"É preciso ter esse dinheiro guardado e investido em uma aplicação de baixo risco e que permita a retirada do valor de forma rápida."**

boas, tudo bem. Vale lembrar que o Hospital de Câncer de Barretos (atualmente, chamado Hospital de Amor), localizado no interior de São Paulo, é filantrópico e tem atendimento gratuito. E a unidade é referência no tratamento de câncer no Brasil.

Essa, porém, não é a realidade geral dos brasileiros. Na maioria dos lugares, sobretudo nas capitais e cidades grandes, o que vemos são filas absurdas, pacientes sem atendimento ou morrendo nos corredores dos hospitais. Para nos prevenir disso tudo, precisamos de um plano de saúde. Neste momento, muita gente pode pensar: *Mas não tenho dinheiro*. Bom, não vamos colocar tal questão aqui. Se você não tem dinheiro para cuidar da saúde, precisa batalhar para consegui-lo.

A primeira coisa a ser considerada é que você deve ter uma reserva emergencial para sua saúde, independentemente de ter um plano. Seria um colchão financeiro específico para essa situação. Muitos podem imaginar que, por terem um plano, está tudo bem; afinal, se tiverem qualquer problema, vão ao hospital e ficarão internados, pois o plano cobrirá todos os seus custos. No entanto, digo que isso pode ser um tremendo engano.

Vou contar uma história pessoal e abrir meu coração um pouco com você. Quando perdi minha mãe, descobri como pode ser cruel não ter reservas para a saúde. Carrego até hoje parte dessa culpa. Tenho plano de saúde há trinta e um anos e, ao longo desse período, só fiquei sem cobertura por um espaço muito curto de tempo, algo entre três ou quatro meses.

Não escolhi ficar sem plano de saúde, mas ele foi cancelado justamente por eu não ter dinheiro para pagar a mensalidade na época. Dentro desses três meses, minha mãe ficou doente. Lembro que ela adoeceu em março e, em maio, faleceu em um hospital público. Calculo que havia pagado o plano ao longo de dezesseis ou dezoito anos seguidos, praticamente sem tê-lo usado, mas nada disso foi levado em consideração. Quando não tive condições de arcar com a mensalidade, o que aconteceu? Alguém do plano me atendeu? Obviamente, não. E foi assim que perdi minha mãe.

Você, que está com este livro em mãos, caso fique sem dinheiro, também ficará sem plano de saúde. No entanto, vamos supor que você tenha o plano, mas não possua uma reserva emergencial, e adoeça. Em um primeiro momento, vai para o hospital, pois o plano irá cobrir sua assistência. No entanto, se estiver internado, sua receita também costuma parar de entrar. Isso vale para a maioria das pessoas, a menos para aquelas que fizeram renda passiva, que têm o dinheiro trabalhando para elas.

Dentro de dois meses, portanto, você não terá mais dinheiro. E, caso não pague seu plano, o hospital vai transferi-lo daquela unidade (que mais parece um hotel) e colocá-lo na rede pública. Portanto, você pode ter pagado o plano de saúde por trinta anos, mas correrá este risco, se não tiver feito uma reserva de emergência para o caso de uma doença.

Muita gente prioriza ter um bom plano de saúde, mas se isso não for acompanhado por uma reserva de emergência, dependendo da situação, todo aquele dinheiro pode ir para o lixo. E, lhe garanto, o plano de saúde somente vai agradecer pelos anos que você pagou. Ou, aliás, nem vai agradecê-lo, na verdade.

PAGUE PELO QUE FAZ SENTIDO

Na hora de escolher o plano de saúde, você precisa analisar o que é mais adequado para o seu perfil, algo que tenha relação com a faixa etária, por exemplo. Há pessoas que optam por planos supercaros, mas têm apenas 25 ou 30 anos, idade em que os riscos de se desenvolver uma doença grave são mínimos. Nesse sentido, é possível escolher um plano um pouco mais econômico, sendo racional e investindo o valor a mais que gastaria todo mês. Há quem queira adquirir o plano mais completo do mundo, mas não o utiliza.

Há quatro anos, durante um processo de coaching, um empresário de 34 anos abordou uma questão envolvendo o plano de saúde dele, algo que surgiu logo na primeira sessão: pagava um dos planos mais caros do país – na época, R$ 7 mil por mês – para ele, a mulher e os quatro filhos. Diante daquilo, perguntei: "Você quer ter esse mesmo plano de saúde, mas sem pagar nada por ele?". Espantado, meu cliente disse: "Com certeza. Me ensina a fazer essa mágica?". "Vamos fazer algumas contas, mas antes me deixe saber algumas coisas", foi o que eu falei.

Eu questionei quando ele havia usado o plano de saúde, e sua resposta foi: "Minha mulher utilizou o serviço nos partos dos nossos filhos, mas nós o mantemos mais para as crianças fazerem consultas". Concluiu que havia três anos ele não o utilizava, e no dia a dia sua mulher quase não fazia uso dele. Diante disso, expliquei que se ele migrasse para um nível abaixo, mas da mesma operadora e que também era muito bom, economizaria sem perder qualidade de atendimento.

Sugeri que o plano fosse feito por meio da empresa dele, pois assim ele teria um desconto. Ao fazer o levantamento, veio a surpresa: aqueles R$ 7 mil mensais iriam se tornar R$ 2.200 no novo plano: uma economia mensal de R$ 4.800. Como meu cliente tinha 34 anos, considerei que ele poderia migrar para o plano de saúde mais completo aos 50 anos, quando o uso fosse mais necessário, ou seja, após dezesseis anos.

Vamos fazer essa conta: se os R$ 4.800 de economia mensal fossem aplicados em um investimento que pagasse 1,5% de taxa de juros ao mês, em dezesseis anos, ou cento e noventa e dois meses, teríamos R$ 5.259.047,21. Sim, mais de R$ 5 milhões, que, se aplicados, com a mesma taxa mensal de 1,5% de juros, renderia R$ 78.899,20 por mês. Quase R$ 79 mil, sendo que ele precisaria de R$ 7 mil para pagar pelo serviço.

O que esse rapaz deveria fazer, portanto, era colocar o dinheiro em um pote para o plano de saúde, um investimento separado. Após dezesseis anos, seu plano sairia "de graça" e ainda sobrariam quase R$ 72 mil por mês de rendimentos. Em quinze minutos, mostrei ao meu cliente como ele poderia economizar R$ 5 milhões somente com o plano de saúde. Havia ainda o restante daquela sessão e mais sete. E há quem ache caro o meu processo de coaching, pelo qual cobro R$ 200 mil por oito sessões. Mais caro, porém, é a pobreza. E ninguém merece viver abaixo das condições ideais para se ter dignada, prosperidade e abundância.

Trata-se de uma conta simples. Você, que está lendo este livro pelo qual pagou baratíssimo, já pegou um exemplo desses. É preciso sempre fazer contas e analisar os juros compostos; com isso, enriquecer se torna a coisa mais simples do mundo. Muita gente, em contrapartida, tem preguiça de pensar e analisar. Prefere buscar milagres.

No entanto, o leitor deve se lembrar de que nós temos que comprar aquilo que vamos utilizar e que nos faça sentido. Pode ser que daqui a vinte anos você fique doente, mas você vai pagar essa conta hoje? Não faz sentido. *Ah, Roberto, e se eu ficar doente amanhã?*, alguém pode pensar. Bom, de qualquer maneira, sempre realize uma análise de risco do seu estilo de vida, pois isso é fundamental. Faça exames de sangue, avalie as probabilidades, conheça por completo o seu estado de saúde.

Claro, fatalidades podem acontecer, mas você não deve ficar descoberto, assim como aquele meu cliente, que passou a ser atendido pelo Hospital São Luiz, um dos melhores de São Paulo, embora não tivesse mais o Hospital Albert Einstein como opção de cobertura de seu novo plano. Na realidade dele, nada mudou para ele, uma vez que nunca precisou recorrer à rede hospitalar. Nos quatro anos seguintes (quarenta e oito meses) em que fez a mudança, já economizou R$ 333.913,05, com aqueles R$ 4.800 ao mês investidos a uma taxa de 1,5% ao mês.

Com os R$ 334 mil que ele já tem aplicados em um investimento com juros de 1,5% ao mês, ele consegue mais de R$ 5 mil de rendimentos ao final de trinta dias. Se quiser voltar para o plano de R$ 7 mil, em pouco tempo já será possível, mas não vai fazer isso, pois gosta de dinheiro. Ele só não havia feito a conta.

Muitos, no entanto, infelizmente vão morrer pobres, porque gastam com coisas inúteis, sem propósito nem fundamento. E perdem a vida por esses erros matemáticos, ao consumir algo que não lhes faz sentido.

Fique atento ao seu dinheiro.

FAÇA UM SEGURO DE VIDA

Assim como um plano de saúde é importante, ter um seguro de vida também é extremamente relevante, sobretudo para quem tem filhos. Muita gente, porém, acredita que a solução é optar por um seguro de R$ 1 milhão. No entanto, o processo não é tão simples. É preciso saber como fazer, o que envolve realizar uma série de contas corretamente. Recomendo que você consulte um bom corretor de seguro de vida para isso. (Saiba que, nos bancos, os seguros são vendidos apenas como mais um produto comercial. E também não adianta procurar seguro de vida feito via internet, com base em seu perfil. Esse tipo de coisa não funciona.)

Para ter um seguro de vida decente, adequado, é preciso conversar cara a cara com o corretor. Busque um profissional especializado em planejamento de vida, alguém que faça todo um acompanhamento, verifique uma série de pontos – se você tem casa própria, quantos anos você tem, quantos anos têm seus filhos, a idade escolar deles, quanto tempo ainda vão estudar – e levante toda a sua estrutura financeira, desde sua estabilidade de emprego ou na empresa, se você tem Fundo de Garantia a receber etc. Após coletadas essas informações, ele faz uma projeção aproximada de quanto tempo você ainda vai viver. Por meio desse cálculo e do seu patrimônio, chegará a um valor para o seu seguro de vida, entre os vários modelos existentes. E, de acordo com o seu perfil, você vai escolher o mais adequado.

Um seguro também se aplica a outras situações. Você sabia que há apólices voltadas para partes do corpo? Por exemplo, imagine um dentista que, de repente, sofre um acidente de moto ou carro e perca a mão. A carreira dele praticamente acabou a partir dali. Como ele vai sustentar a família? Terá que trabalhar em outra área, certo? Assim, é possível, e recomendável, que ele faça um seguro da mão dele, seu instrumento de trabalho.

Em algumas ocasiões, esse tipo de seguro chega a ganhar espaço nos noticiários, como quando uma cantora popular brasileira fez um seguro de R$ 4 milhões para proteger seu bumbum. E não estou criticando. Aliás, ela está certa, uma vez que pode considerá-lo um instrumento de trabalho, pois, além de cantar, ela é figura constante nas TVs e shows, em que aparece dançando e rebolando.

Lembro-me do caso de um jogador de futebol aqui do Brasil que deixou de ser escalado para um clássico porque o seguro das pernas dele não havia ficado pronto a tempo. Como ele havia sido negociado com um time holandês, acharam melhor poupá-lo da partida do que arriscar colocá-lo em campo, pois uma lesão poderia comprometer um negócio de milhões de euros.

Embora por aqui seja mais raro, mundo afora há diversos casos de cantores, atores e atletas que fazem seguros de partes de seus corpos.[26] Pernas, mãos, cordas vocais, seios e até narizes, sorrisos e línguas já foram assegurados. Algumas apólices chegam a dezenas de milhões de dólares.

Eu, por exemplo, preciso ter seguro da minha garganta, pois faço uso dela nas palestras, aulas e sessões de coaching. É o meu instrumento de trabalho. O seguro, portanto, também serve para um profissional proteger sua fonte de recursos, algo muito importante.

Assim, o seguro é um mecanismo de proteção e preservação para sua vida, seja ela financeira, profissional, familiar ou patrimonial. Ele é muito bem-vindo em um planejamento financeiro, assim como um plano de aposentadoria e um seguro de vida.

O PARADOXO DO SEGURO

Você já parou para pensar por que muitas pessoas fazem seguros patrimoniais, como do carro ou da casa, mas deixam de lado o seguro de vida? Em 1Timóteo, capítulo 6, versículo 10, está escrito: "Porque o amor ao dinheiro é a raiz de todo o mal; e nessa cobiça alguns se desviaram da fé e se traspassaram a si mesmos com muitas dores".

Muita gente confunde essas palavras e diz que o dinheiro é a razão de todos os males, mas não é isso que está escrito na Bíblia. O texto sagrado afirma que o amor ao dinheiro é a razão a todos os males. O que isso significa? O amor ao dinheiro ocorre quando as pessoas prestam mais atenção a bens materiais do que aos seres humanos. Quando alguém idolatra um carro, uma moto, uma bolsa, uma caneta, uma viagem, em vez de os seres humanos, a natureza, isso é amor ao dinheiro.

Se você me disser como gasta o seu tempo, eu digo quem é o teu Deus. Se você passa a maior parte do tempo lutando para fazer

---

[26] Informações obtidas em: 30 FAMOSOS que já fizeram seguro de partes do corpo. *Cenapop*, 22 fev. 2017. Disponível em: https://cenapop.uol.com.br/2017/02/22/129828-30-famosos-que-ja-fizeram-seguro-de-partes-do-corpo/. Acesso em: 13 fev. 2020.

dinheiro, então o seu Deus é o Deus do dinheiro. No entanto, se você passa a maior parte do seu tempo trabalhando para ajudar e servir as pessoas, seu Deus é o Deus do serviço e da ajuda. A maneira como gastamos o nosso tempo mostra qual Deus está no comando da nossa vida.

Não é errado ter um seguro patrimonial. Pelo contrário, é preciso preservar o nosso patrimônio e o seguro é um mecanismo de preservação para isso. A maioria de nós faz seguro ao comprar um carro. Tem quem não tire o carro da concessionária sem esse serviço por medo do que possa acontecer: uma colisão, por exemplo, pode resultar em danos parciais ou em perda total; um acidente pode trazer prejuízo a terceiros; o veículo pode ser roubado. O mesmo raciocínio vale para quem faz o seguro da própria casa contra o risco de um incêndio ou de um assalto.

No entanto, algo com o qual eu não concordo é a pessoa ter seguro patrimonial, mas não fazer seguro de vida. Sobretudo se ela tem filhos. Imagine um casal com três filhos, de 10, 8 e 5 anos. Em um sábado à noite, eles decidem ir ao cinema e, em seguida, comer uma pizza. Para isso, deixam as crianças na casa dos avós. Ao voltar para casa, porém, batem o carro e, no acidente, ambos morrem. Uma fatalidade. O carro tem seguro, logo o dinheiro, que é pouco, pode ir para os filhos. Mas como eles viverão a partir

> **O seguro é um mecanismo de proteção e preservação para sua vida, seja ela financeira, profissional, familiar ou patrimonial.**

dali, sem os pais? Com quem irão morar? Com os avós? Será que eles terão condições de sustentá-los até a faculdade? Então, será que quem faz um seguro do carro, mas não tem seguro de vida, demonstra ter mais amor ao seu patrimônio do que aos filhos? Ninguém está livre de um acidente. Você não se importa de faltar ao seu filho, mesmo que ele ainda seja uma criança, mas seu carro não pode sofrer um arranhão? Esse é o verdadeiro amor ao dinheiro.

Muita gente pode dizer: "Claro que amo meu filho muito mais do que meu carro". Bom, eu acredito, mas só da boca para fora, pois não somos aquilo que falamos. Somos aquilo que fazemos, o resultado das nossas ações. Não adianta alguém dizer que considera o filho o bem mais importante do mundo, mas não tem um seguro de vida que proteja o futuro dele, que possa garantir seus estudos e uma vida digna, em uma eventual morte dos pais. E, ao mesmo tempo, garante o seguro do carro. Essa é a prova do amor que sente pelo dinheiro, já que o patrimônio lhe é mais valioso do que uma vida.

Tenha consciência e analise o que você está fazendo com o seu dinheiro, pois você pode estar quebrando um princípio. Muita gente inteligente trabalha, luta e não entende por que não consegue conquistar aquilo que deseja. Será que não está quebrando princípios? Será que não está valorizando mais os bens materiais do que os seres humanos? Deus não se atenta ao que falamos, mas o que está em nosso coração e nas nossas atitudes. E, quando quebramos princípios, Ele não cumpre as promessas que tem para nossa vida.

PROTEJA SUA APOSENTADORIA

Você já pensou como será a sua aposentadoria? Pois digo que sempre é tempo para se preparar para o futuro. Para quem busca esse importante cuidado, é preciso ter um plano de aposentadoria.

Não me refiro a planos de previdência privada ou de previdência complementar, modalidades que podem ser opções de plano de aposentadoria, mas necessitam de uma atenção no que se refere ao regime fiscal, à rentabilidade e aos riscos.

Você deve levar em consideração que mais de 90% dos planos de previdência privada têm uma remuneração inferior à taxa CDI, o que significa uma rentabilidade ruim. Muitos deles também cobram taxas de carregamento de entrada, de carregamento de saída e uma alta taxa de administração. É importante, portanto, negociar todas e não aceitar algumas delas. Uma taxa de administração mensal acima de 0,5%, por exemplo, é muito alta, sobretudo com um produto de renda fixa.

Diante de tudo isso, é necessário analisar bem para encontrar um bom fundo, pois são poucos os que oferecem boa rentabilidade em relação à quantidade de opções existentes. Recomendo evitar fazer isso dentro do banco, antes de considerar demais alternativas. É importante contar com um profissional bom e independente, que trabalhe com diversas corretoras, para buscar a melhor solução.

Quem tem conhecimento de investimentos pode, ele mesmo, montar uma carteira para o seu plano de aposentadoria. É possível buscar diversos produtos no mercado financeiro, como fundos imobiliários e ações, aplicações para gerar renda residual ou produtos de proteção. Isso é importantíssimo, pois a única certeza que temos na vida é de que vamos envelhecer. E, conforme a idade avança, nossa força de trabalho diminui. Em outros casos, podemos querer parar de trabalhar.

Qualquer que seja o caso, viveremos com a renda que criamos, portanto, o plano de aposentadoria deve ser estabelecido pensando em cobrir todas as nossas despesas mensais. Se alguém tem gastos mensais que somam R$ 10 mil, por exemplo, deve considerar construir um plano de aposentadoria que lhe garanta uma renda vitalícia de ao menos R$ 12 mil. Estamos falando de um planejamento que difere de um plano de independência ou de liberdade financeira. É outro dinheiro.

No meu livro *Quebrando mitos com o dinheiro*[27] dedico bastante espaço ao tema do plano de aposentadoria, com detalhes sobre cada produto para auxiliar o leitor na tomada de decisão a respeito desse importante assunto.

Cada planejamento tem uma função: o colchão de sobrevivência, o plano de independência financeira ou de liberdade, com a certeza de que aquele dinheiro nunca vai acabar ao longo da vida. São vários os mecanismos de proteção que a gente utiliza para viver plenamente pelo resto dos nossos dias.

CUIDE DOS SEUS BENS

Para encerrar este capítulo, quero abordar os principais pontos a serem considerados para cuidar dos seus bens. Ninguém duvida que o trabalho de manutenção é fundamental quando o assunto é a nossa saúde, por exemplo. Qualquer pessoa sabe o quanto é importante se hidratar ou ter uma alimentação saudável. A mesma ideia se aplica ao seu patrimônio e a seus recursos.

Posso também dizer isso da manutenção dos seus investimentos, que vai exigir uma série de acompanhamentos constantes, conhecimento e domínio do assunto e algum tempo dedicado. Quem não gosta de nada disso, portanto, deve contratar um consultor, um mentor ou um coach para cuidar de toda essa parte importante. Você deve ter alguém que possa avaliar os riscos de cada investimento.

Entre os meus negócios, tenho um escritório de investimentos contratado por uma das maiores corretoras do mundo. Certa vez, ao avaliar os investimentos de uma nova cliente do escritório, verifiquei que ela tinha R$ 2,5 milhões aplicados, que haviam sido

---

27 NAVARRO, R. *Quebrando mitos com o dinheiro*. Rio de Janeiro: Momentum, 2014.

adquiridos por meio de um banco. Eram aplicações sem garantia e com riscos razoáveis. Tratava-se de um homem de 62 anos e que já havia se aposentado, portanto aquele dinheiro era a única fonte e o que iria mantê-lo pelo restante da vida.

Lembro-me de ter pensado: *Como um gerente pode fazer isso com um cliente e oferecer investimentos com risco e sem garantia?* Afinal, em caso de perda, ele enfrentaria um trauma tão grande que poderia jamais se recuperar e os impactos seriam sentidos em diversas áreas. No entanto, reflita: será que em um caso como esse a responsabilidade é apenas do gerente? Estamos falando de alguém que trabalha em uma instituição financeira e tem diversas metas a cumprir. É pago para isso.

A falta de conhecimento faz muitos adquirirem aplicações com riscos e chegarem a situações como essa. De certa maneira, no entanto, isso está enraizado na nossa sociedade. Infelizmente, portanto, é natural que algo assim ocorra. Quanta gente como aquele homem faz isso... Por fim, fizemos todo um ajuste, nós o orientamos a procurar um profissional e o ajudamos a obter investimentos mais adequados ao seu perfil e com rendimentos bem melhores a fim de proteger seu patrimônio.

Falamos da importância de se ter um seguro da sua casa. O patrimônio físico, no entanto, requer outros cuidados. Você precisa garantir uma manutenção preventiva de qualidade para um imóvel, por exemplo. Evite ter um "faz-tudo", aquele que pode te cobrar barato, mas, no final, faz um monte de gambiarra. Lembro-me de, certa época, ter uma casa de veraneio, no litoral, onde um caseiro cuidava de tudo, por ser uma pessoa de confiança. Em situações assim, dá-lhe, improviso – o que pode custar caro.

O velho ditado de que é melhor prevenir do que remediar cabe bem nesses casos. Imóveis têm pontos sensíveis que não podem ser negligenciados. Para se certificar de que não há sinal de umidade nas paredes ou de que a parte hidráulica da casa está em ordem, você precisa de manutenção preventiva.

Vale o mesmo para quem tem empresa. Falamos da importância de se ter uma reserva de emergência para uma eventual quebra de equipamento. É preciso sempre se precaver, pois o seu celular pode apresentar problema ou o seu carro pode ser roubado, por isso você deve ter seguro. Todos nós temos que ter um plano B e com isso não podemos ser negligentes, uma vez que estamos sujeitos a uma série de eventos.

Além de manutenção e seguros, o conhecimento também ajuda a preservar a sua vida e seu patrimônio. Quando você detém conhecimento, não fica sujeito a uma série de situações que podem ser nocivas.

Quando o assunto é manutenção, faça uma lista de tudo aquilo que você tem, bem como dos cuidados que cada item requer. Pense que, se você não fizer a manutenção do seu carro, casa ou apartamento, terá uma depreciação desse patrimônio. Faça manutenção preventiva e evite gastos emergenciais com problemas que possam surgir de repente. Cuide da sua vida, da sua saúde e do seu patrimônio para viver uma vida próspera ao lado da sua família. Este é o plano de Deus para você.

"Cuide da sua vida, da sua saúde e do seu patrimônio para viver uma vida próspera ao lado da sua família."

CAPÍTULO 8

167 AMPLIAR AS OPORTUNIDADES
    170 O poder da informação
    173 Você está preparado?
    176 O papel do mentor
    179 Como funciona uma mentoria?
    182 Crie suas oportunidades

AMPLIAR AS OPORTUNIDADES

Quem deseja atrair a riqueza para a própria vida precisa manter uma mentalidade sempre voltada para a abundância e a prosperidade, em vez de focar na escassez. Somente dessa maneira a pessoa estará preparada para ampliar suas oportunidades. Isso vale para os negócios, trabalho ou qualquer atividade que renda dinheiro. Neste capítulo, quero falar sobre a importância de saber como expandir as possibilidades.

Nesse sentido, a primeira coisa que um empreendedor deve compreender é que atualmente ele não tem alternativa: caso não trabalhe para ampliar seu negócio, essa fonte de recursos já está com os dias contados e irá acabar. O que antes poderia ser apenas uma questão de escolha tornou-se uma necessidade urgente, uma obrigação.

Agora, vamos viajar no tempo e voltar quarenta anos no passado. Imagine dois farmacêuticos, o Pedro e o João, cada um com seu negócio, mas com uma maneira completamente diferente de pensar. O Pedro era o dono da farmácia mais conhecida do bairro dele. Quando uma criança precisava tomar injeção, seus pais iam até o pequeno empreendimento. Se havia choro na hora da picada, isso depois se transformava em alegria, pois Pedro dava a seringa para que o menino ou a menina pudesse brincar de jogar água nos amiguinhos da rua.

E a vizinhança sempre recorria ao farmacêutico, que, naquele contexto, era bem-sucedido. Além do seu negócio, tinha uma casinha que alugava. No entanto, o tempo foi passando, e onde está Pedro hoje? Segue no mesmo bairro, mas agora está aposentado. Por vezes, chega até a passar necessidade. Embora fosse um excelente farmacêutico, talvez o melhor da região, era um péssimo empreendedor. Com isso, seu negócio foi definhando e morreu. Não resistiu à concorrência. Mas você sabe com quem Pedro competia?

A menos de 2 km de onde Pedro mantinha seu empreendimento, João montou sua farmácia. Os dois negócios nasceram na mesma época, aliás, mas enquanto o primeiro se contentava com a clientela cativa que tinha, com o tempo, o outro farmacêutico decidiu que precisava ampliar sua fonte de recursos. O primeiro passo foi uma reforma e uma modernização das instalações. Ao ver o resultado que aquilo lhe trouxe, João se motivou a crescer ainda mais. Logo abriu uma segunda farmácia; depois, uma terceira.

Após um tempo, as farmácias do João se transformaram em uma rede de drogarias. Ao ver seu movimento cair, Pedro não conseguiu manter mais seu negócio funcionando e teve que passar o ponto para liquidar algumas dívidas. Com isso, João pagou barato e adquiriu mais aquela unidade para somar à sua rede, que totalizava 1.600 endereços espalhados pelo Brasil. Eis a diferença entre ampliar as oportunidades e preferir manter tudo como está. Enquanto o negócio de Pedro morria, João multiplicava sua riqueza.

Somente em 2019, ampliei o ICF para dezesseis novas cidades. Em algumas delas, optamos por fazer isso em regime de franquia, pois avaliamos que essa era a melhor estratégia. Levo minha marca em parceria com empresários da região, pois sei que preciso estar em determinada cidade, e ainda abro uma oportunidade de negócio a quem queira se associar comigo. Ou seja, ampliei e conquistei mercado, atraí um público novo e meu negócio cresceu.

Algumas vezes, avaliamos que o local é muito distante ou tem uma população muito pequena, o que inviabiliza o investimento em uma estrutura física. Nessas ocasiões, adotamos uma estratégia para chegarmos até os potenciais clientes em formato digital, via internet. Posso, dessa maneira, expandir meu negócio, minha marca e ficar mais conhecido.

Quando o assunto é ampliar oportunidades, também estamos falando de criar novos produtos. Dentro do ICF, à primeira vista, pode parecer que o cliente terá apenas à disposição o treinamento Transformação Financeira, mas ele é apenas o começo. É muito comum que, depois, a pessoa faça a formação em Life Coaching Financeiro e, a seguir, passe para os cursos Investidor Inteligente, Empreendedor Inteligente, Master Coaching, Practitioner em PNL e Master PNL.

Trata-se, portanto, de toda uma cadeia de produtos com o objetivo de oferecer aos nossos alunos a melhor formação possível para que eles alcancem os resultados esperados. A fim de se chegar a isso, no entanto, é preciso ter um olhar atento e buscar o máximo de retorno, ao explorar todas as oportunidades que meu negócio pode oferecer, seja na variedade de produtos ou em estar em mais regiões.

Buscar esse crescimento é fundamental em tudo na vida. Quando quero ampliar meus investimentos, procuro novas oportunidades de aplicações, como ações, fundos imobiliários, renda fixa, operações estruturadas. Você deve fazer isso, pois se ficar parado, vai morrer, assim como sua empresa e as suas finanças.

Por meio da história dos farmacêuticos Pedro e João, você viu como a tarefa de ampliar as oportunidades é importante para o futuro do seu negócio e para a construção da sua prosperidade. A fim de conseguir fazer isso, no entanto, é preciso seguir algumas diretrizes, que resumo em três pontos principais. Você terá que:

1. Buscar informações.
2. Preparar-se e treinar.
3. Ter mentores.

A seguir, vamos ver, passo a passo, o que alguém deve levar em conta para buscar informações, se preparar e treinar, e ter mentores a fim de ampliar as oportunidades.

O PODER DA INFORMAÇÃO

No livro *Descubra o maior poder do mundo*[28], Tiago Brunet realiza uma pesquisa com centenas de pessoas ricas e de sucesso. Na obra, ele pergunta o que, na visão dos entrevistados, pode ser considerado o maior poder do mundo. Uma das respostas, vinda de um dos maiores banqueiros do Brasil, me chamou bastante a atenção. Em um primeiro momento, poderia se imaginar que o banqueiro diria: "Dinheiro". Mas não. Na opinião dele, o maior poder do mundo é a informação.

Agora, a explicação para a resposta. Segundo ele, é por meio da informação que conseguimos conquistar as coisas. Assim, se o banqueiro perder dinheiro, é pela informação que ele vai fazer dinheiro novamente. Concordo com esse pensamento, pois se aplica à minha história. Conquistei minha independência financeira aos 21 anos. E como consegui isso? Claro, houve muito trabalho. Estou me referindo a uma série de atividades e estratégias, em que foram utilizados muitos níveis de inteligência. No entanto, houve um ponto muito importante nessa trajetória e que está inteiramente ligado à resposta do banqueiro: informação.

Em meio a uma conversa com um cliente do posto de gasolina em que eu trabalhava na época, ele me contou que na cidade de São Sebastião, litoral de São Paulo, seria construído um porto de grandes proporções. E acrescentou que ali havia uma grande oportunidade, uma vez que ao longo da estrada de acesso a esse futuro porto os terrenos eram muito baratos, pois só existia brejo por ali.

---

28 BRUNET, T. *Descubra o maior poder do mundo*. São Paulo: Vida, 2018.

Com isso em mente, fui pesquisar. Ou seja, a partir daquela informação, saí do meu estado inicial e fui em busca de mais dados. O posto onde eu trabalhava recebia movimento dos motoristas que vinham da cidade de Ubatuba, também no litoral paulista, mas de outra região. Passei a levantar informações sobre o fluxo que vinha de São Sebastião.

Tudo foi feito, portanto, com base naquela informação inicial. Com isso, quero dizer que não basta ter o dado, é preciso saber o que fazer com aquilo sobre o qual você tomou conhecimento. É necessário verificar, levantar mais dados, analisar se o que você soube tem fundamento, se é verdadeiro. É um processo de investigação.

Nos dias de hoje isso é moleza, não é mesmo? Sempre digo que, atualmente, tem-se muito trabalho para não ficar rico, porque a informação está disponível, é gratuita, muitas vezes, de fácil acesso. Você vai ao Google ou ao YouTube e está lá. Qualquer tipo de pesquisa já traz um resultado, em vídeo ou em outro formato.

No entanto, imagine o leitor fazer isso em torno de 1984 ou 1985, quando ninguém poderia imaginar que um dia haveria algo como a internet. Naquela época, se alguém descrevesse a internet e o que temos em 2020, teria o mesmo efeito que afirmar que estaríamos andando por aí em discos voadores ou algo assim.

Jamais alguém teria ideia do que seria o nosso mundo atual, com a internet e a revolução que ela despertou. Ainda mais quando pensamos na cidade onde eu morava, que não chegava a ter 20 mil habitantes naquela época. Nela havia uma biblioteca, mas não havia livraria. Em casa, estavam disponíveis apenas quatro canais de TV: Globo, Record, Bandeirantes e TV Cultura. Era toda a fonte de informação de que as pessoas dispunham.

As gerações mais novas talvez não consigam nem imaginar como era isso, mas ver um jogo de futebol transmitido ao vivo, por exemplo, já era um acontecimento. Isso ficava restrito às partidas da Seleção Brasileira em uma Copa do Mundo ou a uma final

> **"Quem deseja atrair a riqueza para a própria vida precisa manter uma mentalidade sempre voltada para a abundância e a prosperidade."**

de campeonato. E olhe lá. O mais comum era assistir ao jogo depois, seus melhores momentos ou uma reprise da partida. Hoje, há uma infinidade de canais pelos quais jogos de campeonatos daqui ou de fora são transmitidos ao vivo. Antes, a gente não tinha nada disso.

Digo tudo isso apenas para ilustrar como não tínhamos muita informação naquela época. Era preciso ir atrás, e fiz isso muitas vezes. Lembro-me de pegar o ônibus e seguir para São Paulo, onde buscava informações sobre músicas e uma série de coisas, que eu comprava para revender na minha cidade. Estou contando uma história de um garoto de 15 anos em uma época de governo militar. Hoje, a informação está dentro da casa da gente, mas muitos não prestam atenção nisso.

Atualmente, você não precisa assinar quinhentas revistas. Existem aplicativos que podem ser assinados e que lhe dão acesso a todos os periódicos dentro de um tablet, por exemplo. Assim como uma infinidade de livros. E, dessa forma, toda a informação está nas suas mãos. Todos os mentores têm seus livros escritos, portanto só não tem informação realmente quem não quer. Ou por preguiça, que, como sempre digo, atrai a pobreza.

Existe um pensamento que afirma que não há pessoa preguiçosa, o que existe é gente com meta pequena ou sem força de vontade. E o que acontece quando alguém tem uma meta pequena ou sequer tem uma? Fica sem força de vontade. E qual a razão disso? Veja, um indivíduo assim não tem vontade de levantar da cama.

Vou dar ao leitor um exemplo pessoal. Hoje acordei por volta das 6h. E por que tão cedo? Precisava fazer uma *live* sobre Eclesiastes. Logo, tive que estudar e me preparar para ela. Somente neste dia ainda fui responsável por dar uma mentoria para várias pessoas, pois substituí meu pastor em um programa de *mentoring*. Ao retornar, tive atividades à tarde e à noite, período em que preguei para jovens. Ou seja, acordei cedo porque isso me enche de prazer. Claro, em paralelo a tudo isso, ainda estou escrevendo o livro que está em suas mãos.

Essas coisas nos movimentam, portanto não há espaço para a preguiça quando fazemos algo com amor. É preciso buscar informações também sobre aquilo que você vai fazer, para que sinta amor pelo que vai realizar. Porque a informação do que você não gosta passa a ser algo inútil. E há pessoas que acham que têm que saber de tudo, conhecer de tudo; aí, elas acabam se tornando inúteis em tudo. Devemos nos concentrar nas informações que nos dão prazer e naquilo sobre o qual podemos nos tornar especialistas. Uma coisa é eu querer ser o melhor do mundo; outra, bem diferente, é eu poder ser o melhor do mundo.

VOCÊ ESTÁ PREPARADO?

Agora que você já entendeu o papel da informação, passo para o próximo tópico: a importância do preparo. A maneira de se preparar é contínua e diária. Ao contrário do que ocorre com um atleta, por exemplo, que faz um treino específico ao se preparar para uma competição, para ampliar oportunidades, isso deve ser realizado todos os dias.

Aquele que sente como se não estivesse se preparando somente não tomou consciência desse preparo ou da ausência dele. Porque cada informação que recebemos é um dado que pode ser utilizado para fazer dinheiro, para economizar gastos. Por exemplo, um amigo lhe conta da existência de um plano de fidelidade de uma determinada farmácia que dá desconto em produtos ou medicamentos graças ao plano de saúde do cliente, como é o caso de algumas redes. A partir disso, você pensa: *Poxa, eu gasto R$ 300 por mês em farmácia, mas com esse tipo de desconto posso economizar R$ 25 por mês.* Portanto, você recebeu a informação, e o preparo deve ocorrer no dia a dia. Muitas vezes, porém, você pode ter uma conversa assim com um amigo, mas não estar ligado que aquilo pode lhe trazer benefícios financeiros.

Ainda sobre preparo, dou outro exemplo. Certa vez, eu estava em uma turnê por algumas capitais brasileiras com meus treinamentos de coaching financeiro e passei quarenta e cinco dias seguidos viajando. Nessa ocasião, fui a Brasília, São Paulo, Fortaleza, Florianópolis, Rio de Janeiro, onde a rotina era idêntica. O curso durava quatro dias, de quinta a domingo. A cada terça-feira, portanto, era dia de arrumar as malas para voar para outra cidade na quarta-feira, até que, enfim, chegou o último dia de treinamento, no Rio de Janeiro.

No dia seguinte, eu fui a Nova York, a fim de fazer uma filmagem para o lançamento do Chave da Riqueza, um produto nosso que considero o melhor sobre inteligência financeira que existe em todo o mundo. Cheguei à cidade e lá estava superfrio. Lembro que era 13 de abril, porque é o dia do meu aniversário. Faço muita atividade física, pois sou triatleta. Só não me considero um atleta profissional por não receber por isso, mas tenho todo um acompanhamento como se fosse um. Na correria toda com os treinamentos, porém, acabei me esquecendo de levar para os EUA um tênis de corrida. Ao chegar ao hotel, notei que estava sem isso, mas já queria fazer meu exercício. Então, saí do hotel e fui até uma loja da Nike comprar um tênis. Ao chegar lá, pedi ao vendedor um tênis de corrida e mostrei o modelo que me atraiu. Antes de me trazer o par, porém, ele perguntou qual era o meu *pace*, ou seja, o ritmo médio das minhas corridas. Depois de algum tempo de conversa, ele comentou que no próximo dia haveria uma corrida da Nike no mesmo local e me perguntou se eu gostaria de participar.

Por fim, comprei o meu tênis de corrida, me despedi daquele vendedor e voltei ao hotel. Ao chegar lá, comecei a contar o que havia ocorrido para Kênia, minha linda esposa, que me perguntou qual seria o tamanho do percurso total. Eu respondi que não sabia, mas imaginava que seria algo em torno de 5 km. No dia seguinte, eu estava lá no local e horário combinados e a corrida foi iniciada. Então, eu corri, corri, corri e corri... e segui correndo. O fim da prova nunca chegava. Olhei o meu iWatch e ele já marcava 14 km percorridos até ali. Ao passar pelo pessoal de apoio, que fica posicionado em pontos fixos ao longo do percurso para distribuir água e isotônico aos corredores, eu, cansado, decidi perguntar a um dos integrantes: "Olá, irmão, quantos quilômetros tem esta prova?". E foi somente nesse momento que descobri que estava correndo uma meia maratona, ou seja, era uma prova de longos 21 km. Ainda faltavam 7 km para o final.

O que aconteceu ali? Eu corri uma meia maratona sem saber, apesar de não ter pegado a informação correta no dia anterior com o vendedor. Talvez pelo cansaço da viagem ou sei lá por qual motivo. Mas consegui realizar a prova, porque treino para isso, portanto tinha o preparo. Muitas vezes acontece algo assim na vida financeira.

Por diversas vezes entrei em negócios em que pensei: *Conheço isso*. Já comprei posto de gasolina e terreno sem dinheiro. Eu domino a arte de fazer dinheiro, portanto estou sempre preparado para o caso de algo acontecer na minha vida, quando estamos falando em termos financeiros.

Todos os dias, antes de sair de casa, eu leio os jornais. Atualmente, com a internet, isso se tornou algo bem mais fácil de ser feito. Busco notícias de esporte, economia, política, finanças, porque a qualquer momento posso ser parado por alguém na rua, por causa da autoridade que tenho, e ser questionado sobre algo relacionado a investimentos, dinheiro ou riqueza, por exemplo. Não faço nada disso por causa da minha profissão, mas porque gosto, amo e é algo natural em mim.

Dessa forma, preparar-se para a riqueza envolve muita leitura sobre negócios, conversar com outras pessoas a respeito de dinheiro, oportunidades e novidades. Nos Estados Unidos, já estive em visita às empresas do Vale do Silício e em Nova York, onde passei por treinamentos e mentoria sobre empreendedorismo. Aprendi ao ver as empresas de ponta, como a Tesla, e pude conhecer diversos modelos de negócio, ações que contribuíram para esse conteúdo e essa experiência. Também já participei de uma jornada de *startups* em Israel.

Logo, estou me preparando para o próximo nível da vida financeira e tudo conta. Devemos focar aprendizado diário, crescimento no dia a dia. Em todas as áreas da vida é necessário preparo para evoluir, conquistar metas e se desafiar cada vez mais.

O PAPEL DO MENTOR

Quando falamos no processo de ampliar as oportunidades, o papel de um mentor tem grande valor. Antes de qualquer coisa, porém, o que é um mentor? Quando falamos de mentores em nossa vida, nossas primeiras referências são nossos pais ou responsáveis. Depois, os professores, o pastor ou o padre. O Deus que cada um segue é o seu mentor. Todos nós precisamos de um ponto para nos orientar.

Em outro sentido, um mentor é aquela pessoa que já alcançou aquilo que você pretende alcançar. Neste ponto, você vai buscar alguém para ajudá-lo em um determinado projeto. Qual é seu plano? Qual é o seu sonho? Você olha para aquele indivíduo e ele venceu, conquistou determinado resultado. Não é, portanto, quem fala mais bonito ou de forma mais engraçada. É quem atingiu os resultados que você deseja alcançar: desde fazer seu primeiro milhão, comprar seu primeiro imóvel, estudar em outro país ou abrir um negócio próprio. Ao definir o que deseja, você vai em busca de alguém que já tenha feito exatamente aquilo para que, a partir dessa experiência, ele possa orientá-lo e dar-lhe informações que o ajudem a alcançar o seu objetivo. Hoje em dia há uma febre, em que todos dizem: "Você é meu mentor", "aquele é meu mentor".

> "Uma coisa é eu querer ser o melhor do mundo; outra, bem diferente, é eu poder ser o melhor do mundo."

Comecei a trabalhar aos 13 anos. Lembro que minhas referências nessa época eram o dono da padaria, ou o cara que tinha dois restaurantes, o proprietário da loja de móveis, ou de três postos de gasolina. Eram os comerciantes tradicionais, as pessoas de sucesso na cidade em que cresci. Minha inspiração vinha deles, pois eu queria ser como eles. Quando iam ao posto de gasolina onde eu trabalhava para abastecer, eu sempre conversava com eles. Pegava dicas e ideias. Ou ouvia suas histórias quando conversavam com meus pais ou outras pessoas. Eu sempre estava atento.

Mesmo antes disso, nas festas de criança, aos 10 anos, sempre que havia uma pausa no futebol (que eu gostava de jogar), eu não ficava mais com as outras crianças. Em vez disso, ia para a mesa e me aproximava dos adultos. Permanecia ali, ouvindo o que eles diziam.

Eu já sabia o que queria: enriquecer, ter minhas coisas, minha liberdade. Também sabia o que eu não queria: perder tempo, depender dos outros. Por tudo isso, ficava ouvindo aquelas conversas. Fui construindo uma maneira de pensar, de raciocinar ainda na infância. Conforme cresci, lembro que demorei muito tempo para ter acesso a livros.

Com exceção das obras que somos obrigados a ler na escola, aqueles clássicos da literatura infantil, fui ler o primeiro livro lá por 1990 ou 1992, aos 21 anos. E que livro foi esse? *A estrada do futuro*, de Bill Gates. Após a leitura, comecei a prestar atenção nas pessoas que me inspiravam. Nessa época, eu já viajava para São Paulo, onde obtinha mais informações.

Antes dos livros, porém, eu lia bastante a revista *Veja* e outros periódicos semanais, além dos jornais que havia na minha região. Era uma época em que não existia a riqueza de hoje em termos de literatura escrita por mentores, tutores ou empreendedores. Além dos jornais e da revista, que me enchiam de informações, havia os mentores, que, como já mencionei, eram as pessoas de sucesso da minha cidade pequena. Atualmente, a maioria deles morreu ou faliu.

Depois disso, na fase adulta, posso citar apenas um indivíduo que considero como um mentor: Mike Murdock, autor e pastor norte-americano, muito voltado para a área em que atuo. Para mim, ele seria uma espécie de mentor espiritual. Posso mencionar outros que admiro por uma ou outra coisa que fazem, mas não há alguém hoje que esteja tão distante do lugar que estou para alcançar. Até porque, como na área do coaching financeiro, sou o criador do método, portanto o número um, então naturalmente acabo sendo a referência e o mentor das outras pessoas.

Há ainda aqueles que são "fora da caixa", a quem eu admiro, como Warren Buffett, Ray Dalio e Jim Collins, por exemplo. No Brasil, na área de empreendedorismo, entre outros, sinto admiração por Carlos Wizard, Alfredo Soares, autor do livro já mencionado *Bora vender* e grande parceiro em tudo que fazemos, e Tiago Brunet, que, além de ser um baita pastor, é empreendedor e inteligente. São pessoas do meu ciclo de relacionamento para quem olho com muito carinho. Tenho acesso a muitos pastores e empresários no dia a dia.

Há ainda aqueles que são meus *players*, que jogam junto comigo no mundo do coaching ou na área da educação financeira, e que, de certa forma, competem comigo, mas, acima de tudo, são meus amigos: José Roberto Marques, do IBC; Sulivan França, da SLAC; Gustavo Cerbasi; a Mirna, do Economirna. Embora não sejam mentores meus, todos são louváveis por seus trabalhos. E existe uma admiração mútua, nesse caso.

Na sua carreira, chega uma hora em que você ganha maturidade, sabe conviver com humildade e troca com as pessoas sem o medo de que alguém vá roubar sua ideia.

COMO FUNCIONA UMA MENTORIA?

No mundo dos negócios, um mentor é alguém contratado para nos dar as instruções e nos auxiliar no trajeto até nossa meta. Assim como o coach é um profissional contratado para fazer perguntas estratégicas e nos trazer um pouco mais de clareza para que possamos atingir o alvo desejado, o objetivo do mentor é entrar em contato com nosso negócio e, diante da nossa meta, apresentar um plano ou projeto para que aquilo seja realizado.

Às vezes, as pessoas confundem isso. Nesse ponto é importante saber o que cada termo significa. Certa vez um rapaz me encontrou e disse: "Você é meu mentor". E eu perguntei, brincando: "Peraí, quanto você me paga para eu ser seu mentor?". E ele respondeu: "Não, você é meu mentor porque te sigo nas redes sociais". Não sou mentor dessa pessoa. Ele é meu seguidor, algo bem diferente da mentoria.

Quando passo três dias com Mike Murdock, ele é meu mentor, assim como quando passo alguns dias com Tiago Brunet. Da mesma forma, quando paguei para estar ao lado do Carlos Wizard. Fora isso, podemos dizer que seguimos alguém, gostamos da ideia da pessoa, nos inspiramos em um vídeo que vemos ou em algo que ela tenha falado, e utilizamos um conceito dela para um projeto nosso, por exemplo.

As informações apresentadas em um vídeo, texto ou artigo, no entanto, são generalizadas, as quais eu passo para todos os meus seguidores. Ao contrário, o trabalho de mentoria é algo específico e personalizado, com os ingredientes adequados para o caso de quem contrata o seu serviço. O que serve para um caso, então, não se aplica a outro. Ou seja, a mentoria, de verdade, é feita por alguém reconhecidamente especialista naquela área em que você almeja uma conquista.

Recentemente, um casal de empreendedores me contratou para ajudá-los a expandir as franquias de lojas que eles têm. Chegaram até mim, pois queriam um especialista em construção de rede. Em uma das sessões, tratamos do alinhamento de prioridades e coerências dentro do projeto de expansão que eles desejam.

De modo geral, o empreendedor é aquela pessoa que gosta de ampliar, gerar resultados melhores, avançar sempre, buscar excelência.

> "Preparar-se para a riqueza envolve muita leitura sobre negócios, conversar com outras pessoas a respeito de dinheiro, oportunidades e novidades."

Com tudo isso, porém, a mente dessa pessoa pode ficar muito agitada, ao tocar vários projetos ao mesmo tempo, a exemplo de uma casa de marimbondos.

No meu papel como mentor, quis definir ali com aqueles empreendedores quais eram as prioridades e o que lhes era coerente, a fim de encontrar um ponto de equilíbrio, ou seja, aquilo que não pode faltar, que é fundamental, para que a expansão das franquias avance sem desmoronar. A fim de que todas as decisões e ações de um projeto não se transformem em frustração, é preciso encontrar o ponto central dele, a sua pedra angular.

Cornerstone é o termo em inglês que pode ser traduzido como pilar, pedra fundamental ou pedra angular. Nas construções antigas, a pedra angular era a primeira a ser colocada em uma fundação de alvenaria, sendo que todas as demais eram definidas em referência a ela, o que determina a posição de toda a estrutura. Com o tempo, a pedra angular se tornou simbólica, sendo colocada em destaque do lado de fora de um edifício, com uma inscrição indicando as datas de construção do edifício e o nome dos arquitetos ou construtores.

Nas igrejas antigas, a pedra angular era aquela depositada sobre duas paredes de maneira a mantê-las juntas, evitando assim que tudo desmoronasse. Ao longo do tempo, os alicerces das construções substituíram as pedras angulares, mas seu simbolismo se manteve. Na fé cristã, para a existência de cada um de nós, a pedra angular é Jesus Cristo, sem o qual a vida perde o sentido e também desmorona.

Quando vou realizar qualquer projeto, qual é a minha pedra angular? Meu time. E como seleciono aqueles que vão integrar o projeto? Claro, defino quem vai participar de acordo com a aptidão de cada um, sua competência e especialidade, porém o principal fator que me leva a escolher alguém é saber se posso contar com ele no projeto. Ou seja, será que posso ligar a qualquer hora para ele com o objetivo de desenvolvermos alguma estratégia para aquele projeto? Ele precisa estar 100% envolvido.

Em uma mentoria, eu devo mostrar quem são os indivíduos que, aconteça o que acontecer, estarão juntos com os donos daquele projeto. A função do mentor, portanto, é estar junto com quem conduz um projeto, orientá-lo, identificar e se antecipar a possíveis erros, avaliar as perdas e ganhos com o intuito de auxiliar a tomada de decisão etc. Dentro daquele processo, ele deve servir de exemplo, pois é alguém experiente naquele assunto.

Quem contrata um mentor ganha muito, pois evita diversos erros desnecessários que poderiam ser cometidos, caso a pessoa não contasse com a vivência de quem já passou por aquela situação. Isso significa economia, uma vez que erros custam caro. Um mentor também agiliza o processo.

CRIE SUAS OPORTUNIDADES

Um ponto que sempre gosto de ressaltar é que somos nós que criamos as nossas oportunidades. Não existe alternativa. Nunca soube que choveu oportunidade e caiu alguma na cabeça de quem quer que seja. Digo isso porque praticamente todos os dias sou abordado por alguém que me diz: "Roberto, eu preciso de uma oportunidade". Ou: "Roberto, me dá uma oportunidade?". Confesso que não sei nem o que responder nessas ocasiões.

Já falamos anteriormente sobre a diferença de emprego e trabalho. E de como muita gente busca emprego, por causa de benefícios, mas não quer saber de procurar trabalho, em que a sua produtividade é o que fará a diferença. Muitos precisam mudar essa mentalidade. Existem ainda diversas vagas em nosso país que não são preenchidas por falta de mão de obra qualificada. Neste caso, quem quer se manter no mercado de trabalho ou conquistar um espaço nele deve buscar capacitação constante.

No entanto, além da capacitação, existem outros pontos para os quais chamo a atenção. Na minha empresa, tenho mais de cinquenta vagas de trabalho atualmente, mas não consigo preenchê-las. Já ocorreu de o candidato, ao ser entrevistada, dizer: "Ah, não consigo, pois aqui fica distante para mim". Poxa, se o local de trabalho é distante, por que veio atrás daquela vaga? É preciso usar a inteligência e o bom senso.

Por exemplo, há quem deseje ganhar R$ 20 mil por mês, mas, ao divulgar seu currículo, coloca como pretensão salarial ganhar R$ 3 mil mensalmente. Como vai ganhar R$ 20 mil, se ele mesma já se coloca em um patamar muito abaixo disso? Já está se desqualificando. Se quer ganhar R$ 20 mil por mês, deve criar as próprias oportunidades para que isso ocorra.

Quando navego pela internet, me deparo com um trilhão de oportunidades, na forma de informações ou coisas interessantes, mas muita gente parece ter preguiça de fazer uma simples busca. Demonstra querer tudo pronto, na mão. Não usa sua capacidade e inteligência para criar oportunidades. Ao mesmo tempo, há muitos empreendedores que, ao atenderem a necessidade das pessoas, encontraram uma maneira de fazer muito dinheiro.

Nos últimos anos, temos observado em São Paulo e outras grandes cidades do país a população utilizando bicicletas e patinetes compartilhados, trocando o transporte público ou o próprio veículo por um meio de locomoção barato e não poluente. Por trás dessa mudança, temos empresários que apostaram nessa nova forma de mobilidade. Para chegar a isso, eles observaram como poderiam oferecer uma alternativa e auxiliar quem quisesse mudar seus hábitos de se locomover pela cidade. Ou seja, criaram oportunidades.

Leio muito sobre como posso gerar novas oportunidades e, no dia a dia, sempre pratico isso ao máximo. Quando vou dar uma palestra, por exemplo, em que vou gerar uma série de novos relacionamentos, sempre me pergunto: "Qual é a oportunidade aqui?". Ou: "Quais são as oportunidades que posso gerar aqui?". A todo lugar que vou, em ocasiões como essa, posso apresentar um livro que escrevi ou o meu trabalho como coach.

Estas são perguntas que todo profissional deve levar consigo, para todos os lugares que for e em todos os momentos: "Qual é a oportunidade que tenho aqui? O que vou conseguir gerar neste lugar?". Quanto mais a pessoa buscar isso e se qualificar, mais ela conseguirá ter seu trabalho valorizado. É preciso, portanto, pensar "fora da caixa", exatamente o oposto de quem apenas pede por uma oportunidade, mas não sabe direito nem mesmo o que quer fazer ou o que sabe fazer.

Semanalmente, muitos chegam até mim por meio de indicações. Um diz ter R$ 250 mil para investir; outro me procura porque quer aplicar R$ 450 mil; um terceiro está com R$ 525 mil e busca orientação. Cada contato desses é fruto de uma recomendação feita por alguém que conhece o meu trabalho. Por que me indicam? Por saberem o que faço e quais são os meus resultados. Com isso, me enviam oportunidades.

Será que alguém vai, por exemplo, me enviar uma oportunidade para vender algo como macarrão? Não! Porque eu não entendo nada de macarrão e ninguém me conhece por vender massa. As oportunidades que chegam a mim, portanto, são para realizar investimentos, multiplicar a riqueza, ajudar os outros a empreender, pregar nas igrejas, fazer palestras mundo afora, dar novos treinamentos, escrever novos livros.

As pessoas não vão simplesmente aparecer na sua frente se você não criar as oportunidades para que isso ocorra. Quem me procura vem por meio das oportunidades que criei. Deixe claro a todos à sua volta qual é a sua atividade e com o que você quer trabalhar. Faça isso e grandes oportunidades vão bater à sua porta.

"Deixe claro a todos à sua volta qual é a sua atividade e com o que você quer trabalhar."

CAPÍTULO 9

187 RIQUEZA NÃO É UM MILAGRE, É UM PROCESSO
- 189 O que o move?
- 191 O processo da riqueza
- 194 Tijolo por tijolo
- 195 Discos e riscos
- 196 Hora de empreender
- 197 Preços a serem pagos
- 198 Reconhecimentos198
- 200 Treine sua renúncia
- 202 Qual é o seu perfil?
- 203 Tenha um plano B
- 205 Busque inspiração

RIQUEZA NÃO É UM MILAGRE, É UM PROCESSO

Até aqui, você viu as informações que integram a Ciência da Riqueza, um material valioso que tem o poder de mudar a sua vida. Compartilhei uma série de orientações para ajudá-lo a tomar a decisão de abandonar hábitos nocivos para a sua saúde financeira ou adotar novas maneiras de lidar com seus recursos. Agora, quero falar sobre motivação. Você já parou para pensar sobre esse termo? A motivação é o motivo para alguém entrar em ação. Também gosto da ideia de ativação, que vai além da motivação. A pessoa pode ser ativada a encontrar resultados, e há mecanismos para isso. Motivar para ativar. Tais conceitos são importantes, já que este livro, por si só, não fará diferença alguma se as lições nele não forem aplicadas ao seu dia a dia.

Podemos dizer que os indivíduos são motivados por dois estímulos: dor ou prazer. Mas o que significa isso? Quem tem motivação pela dor deixa para fazer tudo na última hora. Vamos utilizar um exemplo cotidiano para ilustrar o tema. A cada ano, é chegado o tradicional momento de fazer a declaração do Imposto de Renda, que deve ser entregue à Receita Federal no final de abril. Trata-se de algo que não muda nunca.

Vamos imaginar duas amigas, Ana e Rute, que precisam executar tal tarefa. Cada uma delas, porém, é impulsionada de uma maneira distinta. Motivada pela dor, Ana sempre deixa a entrega da sua declaração para o último dia. Se não fosse pela multa por atraso, ela sequer entregaria, pois não vê prazer algum naquilo; só faz por ser obrigada. Este é o motivo: evitar a dor de pagar uma multa ou sofrer outras punições.

Rute, por sua vez, age de maneira oposta à amiga. Todos os anos, ainda em dezembro, ela separa todos os documentos, faz os ajustes necessários e já deixa preparada sua declaração. Talvez alguém pense: *Peraí, mas a entrega é somente em abril, e mesmo os formulários ficam disponíveis em fevereiro. Então, fazer tudo em dezembro é um exagero.* Errado! Quem age corretamente sabe dos benefícios de agir com antecedência.

Quando um ano termina e se inicia outro, estamos diante de um momento crítico. Se você precisar, por exemplo, de um recibo que tenha esquecido ou de dados de uma previdência para ser abatida do imposto, pode não conseguir, dificultando ou até mesmo impossibilitando-o de fazer ajustes na sua declaração – risco ao qual quem deixa para a última hora está sujeito. Já aquele que se antecipa, como Rute, evita eventuais problemas.

Assim, ao deixar tudo preparado, a pessoa motivada pelo prazer só tem que esperar o formulário ser liberado em fevereiro, preenchê-lo e entregar tudo. Todos nós conhecemos muitas Anas e algumas Rutes. Com qual das duas você mais se parece? Qual é a sua motivação: dor ou prazer? Você paga um boleto de cobrança na primeira oportunidade ou deixa para o último instante possível, apenas para se livrar de uma multa.

Sobre o Imposto de Renda, gosto sempre de fazer uma reflexão. Muitos buscam pagar menos impostos e, para isso, podem procurar meios de reduzir o pagamento, desde que dentro da lei, claro. No entanto, se estamos pensando na renda, o melhor seria pagar mais impostos, pois isso significa que você está fazendo mais dinheiro. Provavelmente, os indivíduos mais ricos do Brasil são os que pagam mais impostos, portanto, a ideia de que pagar mais impostos é ruim pode ser considerada um mito.

Ainda sobre motivação, devemos fazer uma reflexão. Muitas vezes, o foco de alguém é fazer mais dinheiro: por exemplo, quer ter R$ 20 mil por mês, busca isso várias vezes, mas não consegue. Nesse caso, é preciso colocar um propósito no dinheiro. Ele deve pensar quanto custaria sua vida ideal: a casa dos sonhos, o colégio dos filhos, curso de inglês, academia, restaurante, viagem nas férias etc. Uma vida próspera.

Ao calcular tudo, vamos supor que essa pessoa conclui que isso lhe custaria R$ 15 mil por mês. Diante disso, percebe que precisará fazer R$ 20 mil mensais. Agora, porém, a questão não é ter por ter. Existe um propósito e ele servirá como uma alavanca. Com motivação e ativação, será mais difícil de desistir. A persistência e a paciência a farão conquistar o sonho.

O QUE O MOVE?

Sempre é preciso fazer uma reflexão em profundidade sobre o que nos motiva e as consequências disso em nossas finanças. Devemos entender que nossa vida é a coisa mais importante que existe. No entanto, alguém sem dinheiro vive uma existência sem sentido. No mundo, apenas quem tem dinheiro ou poder é lembrado.

Em Eclesiastes, capítulo 9, versículos 13 a 16, está escrito: "Esta sabedoria também vi debaixo do sol, e pareceu-me grande: Havia uma pequena cidade em que tinha poucos homens, e veio contra ela um grande rei, e a sitiou e construiu contra ela grandes baluartes. Ora, encontrou-se nela um homem sábio pobre, que pela sua sabedoria livrou aquela cidade, e mesmo assim ninguém se lembrava daquele pobre homem. Então disse eu: a sabedoria é melhor do que a força, no entanto, a sabedoria do pobre é desprezada, e as suas palavras não são ouvidas".

Mesmo tendo salvado a cidade com sua sabedoria, sem dinheiro ou poder, aquele homem foi logo esquecido. É preciso sabedoria, mas também devemos buscar a prosperidade. Reflita: por que existem pessoas que apenas se movem na escassez e só tomam uma atitude se falta algo em casa? Se não há dinheiro para pagar a luz, o aluguel, o supermercado, procuram fazer uma renda extra, vão atrás de um bico, tentam vender alguma coisa a mais. Dessa maneira, esperam sempre a chegada da dor para ir em busca do remédio.

Devemos fazer diferente. Temos de criar nossas oportunidades e ter uma vida abundante. O dinheiro é algo incrível, porque ele é a resposta da sua entrega. Há quem diga, porém, que o dinheiro é sujo. Bom, ele é sujo se você fez um trabalho sujo para obtê-lo. Para quem realiza um trabalho limpo, o dinheiro é limpo. Em geral, quem afirma que o dinheiro é sujo está acostumado a fazer coisas sujas, o que explica essa visão. Uma pessoa honesta, em contrapartida, terá seu dinheiro limpo.

Sempre tenha uma reserva que lhe dê a liberdade de realizar coisas boas: colocar seu filho na melhor escola possível, ter a possibilidade de bancar-lhe um intercâmbio, proporcionar cursos e treinamentos à sua família, ou, ainda, permitir que você compre uma casa boa e um bom carro, frequente restaurantes, viaje, adquira as roupas de que gosta, compre livros e seja uma pessoa culta. Em resumo, você precisa de recursos para ter uma vida bacana e digna.

Do contrário, você viverá pensando: *Não tenho dinheiro para isso ou para aquilo*, sempre limitado pela escassez. Faço a você uma pergunta que costumo dirigir a quem participa de alguns dos meus treinamentos: "Se amanhã você decidisse tirar um ano sabático, ou seja, ficar doze meses sem trabalhar, somente estudando ou curtindo a vida, isso seria possível com o que existe atualmente na sua conta bancária?".

Diante de tal questionamento, muita gente conclui não ter condições para ficar um ano longe do trabalho por vontade própria. Poxa, a pessoa trabalhou tanto e não consegue ter sequer um ano exclusivo para si? Que isso possa motivá-lo. Construa uma reserva para ter um ano para você e curta as belezas da vida. Afinal, como está em Eclesiastes, capítulo 2, versículo 24: "Não há nada melhor para o homem do que comer e beber, e fazer com que sua alma goze do bem do seu trabalho. Isto também eu vi que vem da mão de Deus".

No entanto, como alguém consegue isso? Criando planos de renda (principal, extra e passiva), tendo consciência de onde vem o dinheiro, sabendo gastar com propósito bem definido, conseguindo multiplicar aquilo que já foi feito, utilizando mecanismos de proteção nos investimentos, nos negócios, na vida, ampliando suas oportunidades, buscando seus mentores, informações, estando preparado para construir uma vida digna e abundante.

Para tanto, só é preciso o desejo: "Eu quero fazer! Eu vou fazer!". Analiso qual é o caminho, estudo, me preparo e alcanço. É simples. Não estou dizendo que é fácil, mas simples. Você, que leu este livro e chegou até aqui, ao aplicar as técnicas que ensinei, irá conquistar uma vida financeira confortável, digna, saudável, de sucesso. Dessa maneira, viverá em paz e equilíbrio.

Porque, sem dinheiro, é impossível ter paz. Quem diz o contrário está mentindo. Como se pode viver em paz sem ter luz em casa, sem conseguir pagar suas contas, ao ver os filhos passando privações, sem roupas ou uma escola decente? Se alguém disser que está em paz em um cenário assim, só pode estar delirando.

O PROCESSO DA RIQUEZA

Já falamos que a riqueza não é milagre, mas, sim, um processo. Após ver toda a metodologia da Ciência da Riqueza, isso fica ainda mais claro. Em nenhum lugar da Bíblia há qualquer passagem em que Deus envia dinheiro a alguém. Como sempre falo, milagre é a água se tornar vinho, como ocorreu na festa de casamento descrita em João, capítulo 2, versículos 1 a 12. Já a uva se transformar em vinho não é milagre. É um processo, como diz meu amigo Tiago Brunet.

Quem conhece o processo consegue pegar as uvas, seguir etapas até que ela se transforme em vinho. Com a riqueza é igual. E o processo, cuja estrutura compartilhei com você, foi descrita até aqui. A riqueza chega para quem usa a criatividade, a tecnologia, sabe escalar seus negócios, controlar seus gastos. Por isso, digo que Deus não envia dinheiro, Ele financia projetos. Mas de que tipo? Se seu projeto vai abençoar muitas pessoas, ensiná-las algo, fazê-las crescer, esteja certo de que Deus irá providenciar quem estará ao seu lado, para que você realmente consiga desenvolvê-lo.

Uma prova de que a riqueza é fruto de um processo pode ser vista por meio das inúmeras histórias de pessoas que ganharam prêmios milionários em loterias, mas após algum tempo estavam mais pobres do que antes da premiação. Por que isso ocorre? Elas não conhecem o processo da riqueza, apenas ganharam muito dinheiro por meio de um jogo. Sem dominarem as etapas de fazer dinheiro, gastaram tudo o que receberam.

Raciocínio similar pode ser aplicado a muitos jogadores de futebol que chegam a ganhar milhões com seu talento com a bola, mas perdem tudo por não conhecerem o processo da riqueza. A história poderia ser diferente se eles tivessem mentores, consultores ou coaches financeiros para orientá-los. Se todo o dinheiro existente hoje fosse dividido igualmente entre toda a população do mundo, passado algum tempo, a riqueza novamente estaria nas mãos de quem já a tinha antes. Afinal, são eles que conhecem o processo para enriquecer.

Imagine o brasileiro mais rico atualmente, o megainvestidor Jorge Paulo Lemann, que teve o patrimônio avaliado em R$ 104,71 bilhões em 2019.[29] Vamos supor que fosse tirado dele todo esse dinheiro. Após alguns anos, certamente esse homem já estaria

---

[29] O patrimônio de Jorge Paulo Lemann, assim como de outros 9 brasileiros, foi divulgado em: TEIXEIRA, L. B.; ERTEL, L. 10 maiores bilionários do Brasil em 2019. *Forbes Brasil*, 25 dez. 2019. Disponível em: https://forbes.com.br/listas/2019/09/10-maiores-bilionarios-do-brasil-em-2019/. Acesso em: 8 mar. 2020.

novamente rico, uma vez que conhece como ninguém o processo para fazer dinheiro. Digo isso porque há inúmeros casos como esses. Eu quebrei e me reergui, assim como diversos outros empresários, a exemplo de Donald Trump[30], Abílio Diniz[31] e Silas Malafaia[32]. Em contrapartida, se dermos R$ 10 milhões a uma pessoa com uma mentalidade financeira ruim, talvez em pouco tempo ela esteja sem nada, pois irá gastar com casa, carrão, festas, viagens etc.

> **"Devemos fazer diferente. Temos de criar nossas oportunidades e ter uma vida abundante."**

Se você perguntar aos milionários e bilionários se eles têm medo de perder suas fortunas, eles dirão que não têm. Por quê? Por saberem como conquistar tudo de novo. No entanto, se você fizer a mesma pergunta a alguém que tenha somente R$ 100 mil, ele dirá que morre de medo de perder. Qual é o motivo? Ele não conhece o processo. Pode ter acumulado aquilo durante muito tempo em um processo de economia, não de um processo de geração de renda e de riqueza.

---

30 CARVALHO, L. Como Donald Trump superou quatro falências e continuou rico. *Exame*, 2 maio 2011. Disponível em: https://exame.abril.com.br/negocios/como-donald-trump-superou-quatro-falencias-e-continuou-rico/. Acesso em: 16 mar. 2020.

31 REGGIANI, L. "Confesso que fui negligente", diz Abilio Diniz. *Pequenas Empresas & Grandes Negócios*, 6 set. 2013. Disponível em: https://revistapegn.globo.com/Noticias/noticia/2013/09/confesso-que-fui-negligente-diz-abilio-diniz.html. Acesso em: 16 mar. 2020.

32 GARCIA, D. *Com dívida de R$ 16 milhões, editora de Silas Malafaia pede recuperação judicial*. Folha de S.Paulo, 7 ago. 2019. Disponível em: https://www1.folha.uol.com.br/mercado/2019/08/com-divida-de-r-16-milhoes-editora-de-malafaia-pede-recuperacao-judicial.shtml. Acesso em: 16 mar. 2020.

TIJOLO POR TIJOLO

Algumas vezes já ouvi: "Ah, Roberto, mas você soube aproveitar todas as oportunidades". Já falamos sobre a importância disso, mas confesso que antes de criar a metodologia do coaching e mentor financeiro, e dos meus atuais negócios, acredito que raramente via aquilo que fazia como identificação de oportunidades. Para mim era uma construção, algo erguido passo a passo, tijolo por tijolo. Tudo assentado, com alicerces e estrutura firmes.

Lavar vidros de carro no posto de gasolina pode ser chamado de oportunidade? A mim era uma maneira de fazer dinheiro, pois as pessoas me davam gorjeta pelo serviço. Em seguida, passei a calibrar pneus também, com o que ampliei minha fonte de renda. Tem gente que pode achar até algo bobo, meio sem sentido, mas vamos fazer uma conta rápida. Se um indivíduo passar oito horas em um posto de gasolina, calibrando pneus, e conseguir, em média, R$ 3 de gorjeta por veículo, terá R$ 300 caso trabalhe em cem carros por dia. Estamos falando de 12,5 carros por hora, em média, algo que alguém com foco consegue atender, pois o serviço leva menos de três minutos. Multiplicando por trinta dias, que era o que eu fazia, chegamos a R$ 9 mil por mês, valor que muita gente que tem até curso superior não consegue fazer. Para se ter ideia, eu costumo dar R$ 20 de gorjeta a quem limpa o vidro do meu carro e me atende bem, como eu fazia no passado. Trata-se até de uma maneira de ter gratidão e de honrar minha história.

Apesar disso, muitos não iriam lavar ou calibrar pneus por sentirem vergonha. Digo, porém, que vergonha não combina com riqueza. Algumas vezes, quando estou na igreja, vejo voluntários com receio de entregar o envelope de dízimo para alguns frequentadores, que são pessoas famosas, como cantores e jogadores de futebol, ou milionárias. Fazem isso por algum complexo de inferioridade. Nessas ocasiões, eu pego os envelopes e entrego, com humildade, mas sem ter vergonha alguma.

Se eu perguntar a um voluntário desses se ele quer enriquecer, a resposta certamente será "sim". No entanto, como alguém pode prosperar se nem tem coragem de entregar um envelope para um rico? Com essa atitude, ele se afasta da riqueza a cada instante.

DISCOS E RISCOS

Em paralelo à rotina no posto, antes dos 15 anos, comecei outra atividade. Dessa vez, mais empreendedora. Sempre gostei muito de rock e até de *heavy metal*, meu gênero musical favorito, embora ouça mais louvores atualmente. Como na cidade em que morava havia pouca variedade de discos, percebi que, se viajasse para São Paulo, poderia comprar discos de vinil e fitas cassete para revender a amigos e conhecidos.

Pedi autorização aos meus pais até que eles, diante da minha insistência, foram ao Juizado de Menores para conseguir que eu pudesse viajar sozinho de ônibus à capital. Até os 18, fiz isso. De tempos em tempos, deixava minha cidade rumo a São Paulo. Lá, na rodoviária do Tietê, pegava o metrô para o centro e ia à Galeria do Rock, tradicional endereço das lojas de disco na metrópole. Comprava aquilo que achava mais legal e voltava para casa.

> **"A riqueza chega para quem usa a criatividade, a tecnologia, sabe escalar seus negócios, controlar seus gastos."**

Com a revenda dos discos ou das fitas conseguia fazer um bom volume de dinheiro. Mais do que enxergar uma oportunidade, criei um negócio com base naquilo de que eu mesmo gostava. Alguns anos mais tarde, de 1996 a 1998, tive minha própria loja de discos. Cada um desses episódios foi um tijolo colocado na construção da minha riqueza.

HORA DE EMPREENDER

Na fase em que comecei a empreender, novos alicerces foram sendo colocados na minha história. Com o dinheiro que havia feito ao longo dos anos, consegui comprar um terreno com o objetivo de montar um posto de gasolina. Negociei e paguei barato por ele. Três anos depois, o terreno havia valorizado e pude hipotecá-lo a fim de ter dinheiro para montar a estrutura inicial do posto.

Em meio a esse processo, procurei a Ipiranga, empresa de combustíveis, para convencê-los a investir no meu futuro posto. Minha estratégia naquele momento foi fazer o que era possível com meus recursos em vez de esperar para realizar aquilo que eu gostaria se tivesse mais condições. Se fosse esperar, nunca teria dinheiro para fazer o posto.

Com o valor da hipoteca, uma quantia que nunca imaginei ter em mãos, comecei a montar o posto. Como não tinha recursos para uma pista de cimento, tive que abrir com o piso de barro. Havia uma cobertura, mas sem forro. A iluminação se restringia a uma lâmpada pequena, pendurada por um fio. No lugar de um escritório, eu usava uma velha picape Fiat Fiorino, carro que meu pai me emprestou. Também não havia banheiro; quando eu precisava usar um, ia até a padaria próxima.

Para mim, cada litro de gasolina que vendia era uma enorme conquista. Durante anos, não comprei uma camisa, uma bermuda nem sequer uma cueca. Também não viajei ou comprei carro. Cada centavo que conseguia era para colocar o forro, fazer o piso de alvenaria, instalar iluminação e o banheiro. Com o tempo, consegui tudo isso e também fiz a loja de conveniência. Essa experiência me transformou. Ali nascia um empreendedor.

Vieram outros postos e, mais adiante, lojas e outros negócios, mas nunca encarei nada daquilo como oportunidades que haviam surgido. Tinha que estudar muito e me preparar para colocar aquilo em prática. Se você olhar para a história dos bilionários do mundo, vai ver que, em geral, houve momentos de renúncia, dor e sofrimento, em um trabalho feito passo a passo, tijolo por tijolo. Somente assim as coisas são conquistadas.

PREÇOS A SEREM PAGOS

Quem quer ser rico deve saber que sucesso e anonimato têm preço. No entanto, antes de falar sobre isso, é preciso diferenciar sucesso e fama. Alguém de sucesso não necessariamente é famoso; assim como há muitos com fama, mas sem sucesso. Não faltam, por exemplo, assassinos famosos, mas eles jamais podem ser considerados pessoas de sucesso. Mesmo um cantor que tenha lançado uma única música que lhe deu fama momentânea não é alguém de sucesso na carreira. Após um tempo, ninguém mais vai se lembrar dele.

Há muito rico anônimo, assim como existe muita gente de sucesso que não é bem-sucedida financeiramente. Para mim, alguém pode ser classificado como rico se tiver mais de R$ 10 milhões em dinheiro, o que é diferente de ter um patrimônio avaliado em R$ 10 milhões. Isso também é um conceito variável, a depender do padrão de vida que cada um escolhe ter.

Não me considero um cara famoso, mas tenho sucesso. Sei disso pelos meus resultados, pela minha família, pela minha condição física, pelo que vejo na minha conta bancária, pelos produtos que lancei que foram e são sucesso. Em onze anos de atuação em coaching, tive mais de 110 mil alunos. Um dos ônus do sucesso é que ele parece incomodar algumas pessoas, que, de forma gratuita, muitas vezes fazem coisas para prejudicá-lo.

Faça um teste. Digite no Google o nome de alguém de sucesso. Certamente irão aparecer informações boas e ruins sobre ele. Já uma pesquisa similar, mas com o nome de um anônimo, alguém que nunca tenha produzido algo relevante, não terá resultado. Atualmente, o Google pode ser considerado o "RG" dos indivíduos, sua identidade.

O anonimato, portanto, faz você passar despercebido. Ninguém olha para você na rua, nem para pedir foto ou para cumprimentá-lo. Você também não será admirado nem irá inspirar as pessoas como um anônimo. Eu acredito que é preciso inspirar os outros, pois, com isso, conseguimos melhorar o mundo ao nosso redor.

Vejo muitos se inspirando com a minha história. Costumo dar palestras para jovens em igrejas para que eles possam conquistar o que desejam. Nessas ocasiões, eles dizem: "Cara, ele começou mais novo do que eu". Eles veem possibilidades. Também inspiro aqueles que estão falidos, sem dinheiro, para honrar suas contas. Mostro que passei por situação semelhante e venci. Isso os enche de esperança.

Precisamos de mais pessoas de sucesso que exponham suas histórias para ajudar a construir um mundo rico, próspero e abundante. Para isso, porém, é preciso coragem. Muitos permanecem no anonimato por medo e por preferirem a zona de conforto.

RECONHECIMENTOS

O sucesso, claro, cobra alguns preços, como a perda de privacidade. Dia desses, eu tomava um café em um shopping quando um rapaz entrou no restaurante e pediu para tirar uma foto. Atendi, claro, mas me vi obrigado a interromper o que estava fazendo. Naquele instante, por exemplo, eu estava em uma conversa séria.

No entanto, prefiro mil vezes o preço a ser pago pelo sucesso a ser anônimo. Ser reconhecido pelo que fizemos, ver as pessoas gratas pelo trabalho que desempenhamos é algo que nos enche de orgulho.

É relativamente comum que eu seja parado na rua. Certa vez, eu estava com minha equipe de filmagem em Windermere, cidade com apenas 3.346 habitantes[33], localizada no interior da Flórida, perto de Orlando. Fazíamos vídeos para o ICF quando, ao final da gravação, um jovem se aproximou de bicicleta e, emocionado, disse que acompanhava meu trabalho pelo YouTube. Ele tirou o celular do bolso e mostrou uma palestra minha que havia visto no dia anterior.

Ali, naquele lugar distante e tranquilo, onde a princípio parecia impossível alguém me conhecer, havia um jovem dizendo que minha mensagem o fizera querer mudar de vida. Mal tinha me recuperado da surpresa e ele acrescentou que sonhava em fazer um curso comigo e que, para isso, já estava guardando dinheiro. Tempos depois, nos reencontramos em sala de aula, quando ele foi a São Paulo fazer o treinamento Life Coaching Financeiro.

Se eu não tivesse agregado conteúdo de valor na vida das pessoas, coisas assim não iriam acontecer. Você deve fazer o bem e entregar com qualidade e ousadia, mostrar aos outros um caminho para o que querem conquistar. Com isso, o sucesso passa a ser consequência natural. Não é você quem deve buscar o sucesso, ele vem por meio das suas ações. É algo que não acontece por acaso.

No entanto, não se engane. Sucesso e reconhecimento são fruto de bastante estudo e da renúncia a muita coisa. Isso custa caro e requer equilíbrio, algo a ser aprendido. Sem tal cuidado, sua vida familiar ou sua saúde podem ser afetadas. Os efeitos colaterais

---

33 Dados obtidos em: UNITED CENTER DATA BUREAU. *Windermere, Florida*. Disponível em: <https://data.census.gov/cedsci/all?q=Windermere%20Florida&g=1600000US1278050&hidePreview=false&tid=ACSDP5Y2018.DP05&vintage=2018&layer=place&cid=DP05_0001E> Acesso em: 21 fev. 2020.

podem vir, como estresse excessivo ou ganho de peso, por exemplo. Para conseguir tal equilíbrio, é importante contar com mentores. Na minha vida, uma dessas pessoas é o jornalista e coach Flávio Prado, alguém que eu já admirava pelo trabalho como comentarista esportivo.

Em momentos decisivos, como quando promovi mudanças nas minhas empresas, ter esse apoio foi fundamental. Em algumas situações, é preciso ter auxílio profissional, alguém com uma visão externa, o que é bem diferente de uma simples conversa com um amigo. Tenho muitos coaches na minha vida. O sucesso, portanto, tem preço e requer investimentos.

Pago por processos com meus mentores e coaches, participo de três *masterminds*, leio muito todos os dias sobre finanças, empreendedorismo e desenvolvimento humano. Estudo diariamente a Bíblia. Tudo isso é importante para conquistar um equilíbrio e não pagar um preço muito alto, sacrificando a harmonia familiar, a saúde e a prosperidade.

TREINE SUA RENÚNCIA

Nossa vida é feita de construção e renúncia. Podemos transformar esse pensamento em um exercício. Sempre que você estabelecer um novo objetivo, pegue papel (ou utilize seu smartphone, computador etc.) e anote aquilo que você deseja construir, para analisar quais impactos isso irá gerar na sua vida. Em algum ponto, essa avaliação deve incluir aquilo que você terá de abrir mão para alcançar a meta.

1. O que eu quero?
2. O que eu ganho se conseguir isso?
3. O que eu perco se conseguir isso?
4. O que eu ganho se não conseguir?

5. O que eu perco se não conseguir?
6. Se isso acontecesse, como a minha vida passaria a ser?

Você deve, portanto, projetar a sua vida, considerando como ela será caso a meta seja alcançada. Ao mesmo tempo, é preciso avaliar o que você terá que renunciar para chegar até o objetivo. Por exemplo, imagine que você quer começar uma nova atividade em sua rotina. Para que haja tempo ou dinheiro de realizar tal tarefa, o que será necessário deixar de fazer no seu cotidiano atual? Será que você terá de parar de jogar bola ou ir menos ao cinema, por exemplo? Quais são as renúncias a serem feitas?

Muita gente se ilude e comete um erro, por acreditar que, ao começar uma nova atividade, a vida seguirá igual. Isso é impossível! Será uma nova vida também; por isso, é importante ter plena consciência do valor de cada coisa. Algumas vezes, abrir mão de algo pode ter efeitos tão negativos que os impactos irão te prejudicar demais. E o preço pago pela escolha feita será muito alto. Há quem busque dinheiro, mas, para isso, sacrifique coisas que afetam a saúde ou paz. No fim, ficará sem saúde, paz e o dinheiro que queria.

Ao se casar, por exemplo, você vai renunciar a coisas que fazia quando era solteiro. Provavelmente até a algumas amizades. Para ser rico, terá de abrir mão de gastos bobos, vai ter que ter um controle maior das contas. Terá que aprender a fazer dinheiro, ser uma pessoa produtiva. O tempo todo. Quem busca o sucesso deve ser obcecado por isso. Quem decide empreender tem que desenvolver uma verdadeira obsessão pelo que escolheu.

Você terá que superar todos os obstáculos que surgirem. É preciso ser incansável. Ter energia, ser firme, ter domínio da área que escolheu; do contrário, não será respeitado, nem por seu filho nem por seu funcionário. É por meio do conhecimento que isso vai ocorrer. Para diversas pessoas, isso tudo é um preço alto a ser pago. Muita gente não suporta a pressão e desiste. Acredite, já vi isso ocorrer muitas vezes.

QUAL É O SEU PERFIL?

Há alguns anos, fui procurado para fazer mentoria para uma mulher que estava montando uma franquia de uma marca famosa de perfumaria em um shopping. Vi que havia um grande desafio na minha tarefa, uma vez que minha cliente era servidora pública recém-aposentada e tinha exercido um cargo de chefia. Ou seja, um perfil acostumado com salário e benefícios estáveis, um mundo bem diferente do empreendedorismo. Além disso, numa franquia, é preciso seguir uma série de regras. Você não é o dono do seu nariz.

Será que ela estaria preparada? Em dois meses de mentoria, já havíamos feito cinco sessões. Nesse período, a franquia dela fora aprovada pela marca e o ponto já seria montado no shopping. Percebi que seria preciso dar um passo adiante. Na sessão seguinte, propus que fizéssemos um jogo para projetar a vida dela como empresária. Comecei a fazer perguntas sobre como seria um dia comum de trabalho dela na nova função.

Que horas a loja abriria e fecharia? Quem iria cuidar dessa abertura e do fechamento? Como os produtos chegariam à loja? Quem iria recebê-los? Quanto tempo ela dedicaria ao negócio diariamente? Ela teria uma gerente para auxiliá-la? Em caso positivo, já havia contratado tal pessoa? Quem iria recolher o dinheiro no final do dia? Seriam necessárias duas gerentes? Como e para onde esse

> **"Você deve fazer o bem e entregar com qualidade e ousadia, mostrar aos outros um caminho para o que querem conquistar."**

dinheiro seria levado? Quem cuidaria da contabilidade, da área financeira e das contratações de pessoal?

A cada pergunta havia certa hesitação, silêncio, dúvidas. Em um determinado ponto, ela disse: "Navarro, não tenho condições de ter um negócio desses, pois não vou suportar". Ela desistiu apenas ao ouvir algumas tarefas que teria de exercer como empreendedora, e eu não havia perguntado nem 10% de tudo o que ela precisaria fazer. Na época ela me pagou R$ 75 mil no processo, mas, ao renunciar ao negócio dela, deve ter economizado milhões, valor que gastaria antes de perceber que aquilo não era para o perfil dela.

Veja a importância da mentoria neste caso. Será que um coach teria funcionado? Não, pois faria perguntas, mas não conseguiria se aprofundar, pela falta de experiência em negócios. Ali fiz uma fusão de consultoria, mentoria e coaching. Gosto muito desse trabalho, pois cada processo significa uma vida salva para alguém que deixou de perder muito dinheiro ou que passou a fazer dinheiro e gerar empregos. E os ganhos se multiplicam na vida familiar.

TENHA UM PLANO B

Na vida serão muitos os testes para tentar tirar você do seu propósito, sobretudo se ele for uma missão de Deus. Nesses casos, você pode sofrer ameaças e ataques, pois o inimigo não se contenta com uma pessoa de Deus prosperando. Ele quer desviá-lo. Por isso, você tem que ter certeza da sua fé e daquilo que está fazendo. Se quer realmente algo, é preciso criar mecanismos de blindagem contra fatores externos que podem desviar você do foco.

Em um dos meus treinamentos, há um exercício poderoso para o alinhamento de propósito e definição de meta, sobretudo para fazer dinheiro. Reflita: por onde se começa a construir uma casa? Quase 100% das pessoas dirão "pelo alicerce". Mas, não, a construção começa antes, pelo sonho. Depois disso, vai-se atrás de um arquiteto ou engenheiro, do terreno, de pedreiros. Sem sonho e projeto, não há nem alicerce. Ou, se for feito assim, tudo pode ruir.

Nos negócios, ocorre algo similar. Tem gente que quer começar pelo alicerce, mas não entendeu a missão daquilo, qual é o projeto. Em tudo, deve-se perguntar: "Qual é a finalidade do que estou fazendo?". Ao começar a entender isso, você irá arrumar um motivo forte para seguir no caminho e ninguém vai te tirar dele.

Imagine que alguém queira ter R$ 1 milhão. Essa é a finalidade. No entanto, quais são os porquês disso? Pode ser ter qualidade de vida para a família, paz financeira, uma superação, ou simplesmente para acreditar que pode. Em seguida, procure refletir: como você quer ser reconhecido? Talvez como um milionário ou como o cara da sua família que chegou lá. Reconhecimento é importante. Muita gente valoriza mais o reconhecimento do que dinheiro.

Após definir tudo isso, deve-se avaliar em que áreas você tem que focar para alcançar o que deseja. Para ter R$ 1 milhão, você terá que focar em investir, fazer dinheiro, ter networking, informações, multiplicar o que tem, ampliar seus negócios, só gastar com propósito, se proteger, se blindar, contratar mentores, se preparar diariamente etc.

Após responder a tudo isso, você precisará saber quais são os recursos que tem e quais precisa ter. E aqueles que faltam? Você terá que pensar numa maneira de consegui-los. Por exemplo, se você for construir uma casa, mas não tem pedreiro, está tudo errado.

Quando essa etapa for concluída, você deve criar uma meta de noventa dias para verificar as evidências que irão apontar se você está na direção correta. Como em uma estrada, você deve checar, pelas placas, se seu trajeto está te levando ao destino almejado. Se perceber que saiu da rota, serão precisos ajustes.

Além disso, mesmo indo pelo caminho correto, você deve estar preparado para pontos a serem considerados na viagem, como radares e pedágios, ou imprevistos, como um pneu furado ou uma queda de barreira, que o obriga a desviar o caminho. Você deve planejar e estar preparado para o caso de ter de fazer adaptações do plano original. Tenha um plano B. Muita gente, sobretudo entre o povo cristão, afirma não precisar de plano B.

Nessas horas, porém, não devemos misturar questões espirituais com coisas racionais. Em muitas igrejas, as pessoas dizem: "Não preciso de plano B, pois meu plano é Deus e Ele não falha". Concordo: Ele não falha nunca. Isso está 100% correto. Mas nós falhamos. E quem está realizando o projeto Dele é você, que é um ser humano, não é Deus. Ele lhe dá força, energia, fé, mas se você não colocar a mão na massa, nada vai acontecer. É preciso ter um plano B, C e D, porque, do contrário, você pode quebrar a cara. Como já vi acontecer com muitos.

Há cristãos ricos com inúmeros planos. Em contrapartida, existem cristãos pobres que não têm plano algum. O plano deles é Deus. No entanto, nosso plano não é Deus. Nós é que somos o plano Dele. Há uma grande diferença. E mesmo dentro do plano Dele há uma coisa chamada livre-arbítrio. É preciso ter consciência.

Com as evidências todas e sabendo que está no caminho certo, você vai calcular quais são as suas ações do dia a dia, todos os passos que deve dar. Com tudo isso montado, você passa a ter seu propósito blindado para não desviar dele e sobre o qual estudar diariamente. Trabalhe sobre ele. Respire sobre ele. O resultado com certeza irá chegar.

BUSQUE INSPIRAÇÃO

Se alguém quer enriquecer começando do zero, mas ainda tem dúvidas de isso ser possível, basta olhar para alguns casos inspiradores. O empresário Flávio Augusto da Silva, da Wise Up, por exemplo, começou a vida de forma muito difícil, morando em

> **"Você terá que superar todos os obstáculos que surgirem. É preciso ser incansável."**

uma comunidade no Rio de Janeiro. Tiros, mortes e tráfico de drogas faziam parte da rotina do lugar onde ele vivia, mas isso nunca o abalou. Aos 19 anos, foi trabalhar como vendedor em uma escola de inglês. Prosperou e em quatro anos chegou a diretor.[34]

No entanto, aquilo para ele era pouco. Decidiu montar sua própria escola e, para isso, começou com R$ 20 mil negativos no cheque especial, enfrentando os juros absurdos do Brasil. E conseguiu abrir a escola em um dos endereços mais nobres do Rio. Meses depois, montou a segunda escola na avenida Paulista, em São Paulo. Imagine se fosse alguém "normal". Iria seguir no emprego, em que ganhava muito bem, R$ 30 mil, conforme ele conta.

O mundo, contudo, não é transformado por quem tem perfil "normal". Para isso, é preciso ser um pouco "louco". Mesmo alguém que decidisse sair daquele emprego para empreender talvez fizesse a escola no bairro em que morava. Não iria se arriscar em um bairro nobre. Essa ousadia é o que diferencia os grandes empresários das pessoas medianas.

Flávio seguiu e construiu a rede Wise Up. Deu tão certo, que vinte anos depois ele a vendeu por R$ 1 bilhão. Veja, após duas décadas. E tem quem acredite que vai ficar rico do dia para a noite. Se um cara com o perfil como o do Flávio levou todo esse tempo, por que você acha que vai enriquecer em vinte meses? Diante

---

[34] Mais da história de Flávio Augusto pode ser obtida em: MENDONÇA, R. O brasileiro que cresceu na periferia, fundou negócio milionário aos 23 anos e virou 'guru antivitimismo'. BBC Brasil, 9 fev. 2018. Disponível em: https://www.bbc.com/portuguese/geral-42998803. Acesso em: 14 mar. 2020.

disso, muita gente pode pensar: *Ai, mas é muito tempo, nem vou me arriscar.* Bom, quem quiser ficar na sua mediocridade pode, claro, mas depois não deve reclamar que não vai conseguir viajar, ter uma vida legal, o carro que deseja. Você terá exatamente o que merece se ficar na zona de conforto.

Outro exemplo inspirador é o de Silvio Santos. Ele começou como camelô, pedindo emprego na rua, mas construiu um dos principais canais de TV do país, uma rede de hotéis, entre muitos outros negócios. O propósito dele é comunicação. Ele poderia ter parado havia muito tempo, mas segue como o maior comunicador do Brasil. É simples, humilde e sincero. Mesmo quando Silvio Santos está de férias e vai para a casa dele, em Orlando, nos EUA, é noticiado que ele segue em contato com o Brasil, trabalhando e tratando de negócios, ao telefone. Ele não consegue ficar quieto.

Quando o funcionário de uma empresa sai de férias, ele desliga o celular. No entanto, se um empreendedor sai de férias, ele liga para as pessoas o dia inteiro. Não vai sossegar. Muita gente pode não querer essa vida, mas é por isso que estão mal financeiramente. Esse é o preço que todos os empreendedores de sucesso pagam. Steve Jobs, Bill Gates, Walt Disney, Henry Ford. Todos eles têm características similares.

Pessoas de sucesso têm uma obsessão pelo que fazem. Dia desses, fui jantar com um amigo, que é dono de restaurantes, mas ele não conseguiu fazer a refeição, porque ficou incomodado demais com o que via ao redor. O local lotado, com fila de espera na porta, mas o atendimento deixava a desejar. Revoltado, calculava quanto dinheiro o dono daquele restaurante estava deixando de fazer com tudo aquilo.

Todos os empreendedores têm essas características, sejam brasileiros, chineses, angolanos; sejam europeus ou americanos. São todos iguais. Parecem irmãos gêmeos. Se não são gêmeos de sangue, são de meta, propósito e dedicação. Tenha em mente, portanto, que sua jornada rumo à riqueza sempre deve ser construída com esforço, trabalho e dedicação.

E, por falar em jornada, a nossa se aproxima da reta final. A partir da próxima página, chegamos ao último capítulo para você conquistar sua liberdade financeira. Será que você está pronto?

"Você deve planejar e estar preparado para o caso de ter de fazer adaptações do plano original."

CAPÍTULO 10

211 PREPARE O SEU LEGADO
    213 Legado e multiplicação
    214 Dilemas da herança
    215 Dinheiro e felicidade
    219 Você está pronto?

PREPARE O SEU LEGADO

Há alguns anos, no Dia dos Pais, minha filha Amanda escreveu uma mensagem que, para mim, foi mais preciosa do que qualquer presente que o dinheiro poderia comprar. No texto, ela me agradecia por ter lhe deixado um legado, algo muito mais valioso do que uma herança. Com isso, dizia ter condições de fazer o que quisesse, pois aprendeu comigo. Sempre digo que não ensinei meus filhos. Eu os treinei. Legado é isto: preparar as pessoas para que possam fazer algo incrível.

Costumo dizer que já deixei alguns legados e que, se partisse hoje daqui, do nosso mundo, iria feliz, com uma sensação de missão cumprida. A cada dia, porém, Deus me dá uma nova incumbência, uma nova orientação que tenho que cumprir. Em geral, essas novas missões são desafiadoras e chego a elas como se fosse um recém-nascido ou uma criança. Ou seja, tenho que me desenvolver. Acredito até que Deus coloca grandes desafios na minha vida porque se fossem pequenos não teriam nem graça. E gosto disso.

Na minha trajetória como escritor, por exemplo, isso fica bem claro. Este livro que você está lendo é mais um desafio. Algo bem diferente dos anteriores. Quando escrevi *Coaching financeiro*[35], com a aplicação de técnicas e apresentando um modelo mental de riqueza, o objetivo foi fazer as pessoas utilizarem suas ferramentas

---

[35] NAVARRO, R. *Coaching Financeiro* – A arte de enriquecer: estratégias e soluções para seu sucesso financeiro. Rio de Janeiro: Momentum, 2014.

de inteligência emocional para prosperar. Imagine o quanto isso foi desafiador.

Já ao escrever *Quebrando mitos com o dinheiro*[36], minha intenção foi romper com o padrão mental de boa parte dos indivíduos sobre questões financeiras. Ali mostrei formas diferentes de ver como os investimentos funcionam, como os bancos podem não ser claros, sobretudo se as pessoas não tiverem curiosidade para buscar a informação correta. Para terminá-lo fiquei em Nova York, sozinho, isolado, pesquisando sobre o assunto.

Já o *Arte de enriquecer*[37] nasceu de uma história interessante. Em 2014, lancei *Quebrando mitos com o dinheiro* em conjunto com o livro *Dinheiro é emocional*,[38] do meu grande amigo Tiago Brunet, o que incluiu uma palestra nossa em um auditório. Alguns dias depois, estávamos tomando um café quando um conhecido nosso, um homem na faixa dos 30 anos, se aproximou da mesa e disse:

— Poxa, Tiago, queria te parabenizar pelo livro. Foi o primeiro que li na vida.

— Nossa, que honra! Muito obrigado! Então você gostou? — Tiago quis saber.

— Sim, é excelente, mas li por ser fininho — revelou o homem.

Fiquei com aquilo na cabeça e concluí que queria levar a mensagem do meu livro *Coaching financeiro* a outro público, pessoas que não gostam tanto de ler. Afinal, uma das missões de qualquer escritor é justamente fazer mais gente ler aquilo que ele escreve. Diante do desafio, escrevi um livro prático, acessível, colorido e com planilhas para o leitor preencher. Algo que atendesse desde adolescentes, jovens empreendedores e empresários, até pessoas que nunca leram sobre educação financeira.

---

[36] NAVARRO, R. *Quebrando mitos com o dinheiro*. Rio de Janeiro: Momentum, 2014.

[37] NAVARRO, R. *A arte de enriquecer*: estratégias de coaching para criar uma vida próspera. Rio de Janeiro: Momentum, 2017.

[38] BRUNET, T. *Dinheiro é emocional*: saúde emocional para ter paz financeira. São Paulo: Vida, 2018.

Na vida, você deve encarar cada projeto como uma oportunidade para se desenvolver, para sempre melhorar aquilo que já fez. Todo desafio que Deus colocar em seu caminho precisa ser visto como uma bênção. Você tem que ser como a criança, que dá os primeiros passos com alguma hesitação, mas, mesmo se cair, levanta e segue aprendendo a caminhar, determinada. O caminho até a riqueza é construído a cada projeto.

LEGADO E MULTIPLICAÇÃO

Ao começar a falar em legado, citei a mensagem que recebi da minha filha Amanda. Tenho três filhas, um filho e duas enteadas, que considero como filhas. Todos me enchem de orgulho. Treinei cada um deles com base na inteligência emocional e na PNL, conhecimentos com os quais tive contato em 1993, mesmo ano em que minha filha Raíssa nasceu.

Por exemplo, a Raíssa, na minha visão, será a maior autoridade em desenvolvimento humano do mundo, pois atualmente, com apenas 26 anos, já a considero a maior do Brasil. Ela é uma discípula de Richard Bandler, cocriador da PNL, juntamente com John Grinder. No ICF, ela é representante de Bandler no Brasil e faz um trabalho impressionante, ao ajudar as pessoas a se libertarem de medos e traumas e ter alta performance e clareza em seus objetivos. Atualmente, ela já é a principal professora do treinamento Life Coaching Financeiro. Ela me superou nessa.

Se a Raíssa é esse fenômeno, a Amanda, aos 21 anos, já

> **"Legado é isto: preparar as pessoas para que possam fazer algo incrível."**

é a CEO de todas as empresas da família. Enquanto a Pérola, por sua vez, é artista e mora em Los Angeles. Todas atingiram a maturidade muito cedo e já conquistaram a independência financeira. O único que ainda é mantido por mim é o Raí, que tem 19 anos, mas já trabalha como agente autônomo de investimento. Cada resultado deles é fruto do legado que deixei.

Será que vou deixar herança para meus filhos? Claro, mas nenhum está de olho nisso ou sequer pensando nessa questão. E por quê? Porque todos já sabem fazer dinheiro. Têm conhecimento de como produzir e gerar resultados extraordinários. Agora, imagine se eu deixasse apenas herança. Como seria? Vamos supor que eu ganhasse uma grande quantia na loteria e dividisse, dando alguns milhões para cada um. Com isso, nem eu saberia gerar riqueza nem eles. Todo mundo ganhou, sem esforço. Foi um presente.

No entanto, o nome Navarro, que atualmente vale milhões de reais, é algo que foi construído a partir de mim, não por meio do meu pai. Falo dos meus filhos, mas meu legado não se restringe a eles. Por intermédio do ICF, temos centenas de novos milionários todos os anos. São alunos que saíram do nada e tiveram a vida modificada. E aquilo se multiplica para a vida de seus familiares também. Digo que é um legado, porque eles também aprenderam a fazer dinheiro. O mérito é deles, não meu.

A conquista veio pela minha instrução, minha experiência, do meu conhecimento, das minhas técnicas. Por isso, afirmo que é um legado que deixei neles.

DILEMAS DA HERANÇA

Sempre que nos procuram em nosso escritório de investimentos, e muitos são clientes milionários, eu pergunto como construíram sua riqueza. Quando se trata de herança, recursos que foram ganhos dos pais, sei que o tipo de investimento deve ter alguns diferenciais. É preciso mais cuidado na proteção daquele patrimônio, pois, muitas vezes a pessoa não tem conhecimento sobre dinheiro ou produtividade financeira.

Se o legado pode fazer a riqueza se multiplicar, uma herança pode evaporar em poucas gerações. Tanto é assim que em muitas famílias realmente ricas, aquelas com centenas de milhões de reais, os herdeiros passam por treinamentos específicos para saber como atuar quando assumirem a fortuna e o patrimônio de seus pais. Existe toda uma preparação nesse sentido. Não há, por exemplo, milionário que não faça algum tipo de obra social. O filho dele, portanto, tem que saber como dar continuidade a esse legado.

Por isso, ninguém deve focar em deixar herança para os filhos. Mais importante é deixar um legado. Às vezes, a pessoa decide abrir mão de comer bem ou viajar para deixar dinheiro para o herdeiro. O filho, por sua vez, ao receber aquela quantia, gasta tudo. Devemos aproveitar a vida, como a própria Bíblia ensina. Com isso, você também estará ensinando ao seu filho que dinheiro é bom, capaz de proporcionar uma vida rica e abundante.

Já quem guarda o dinheiro, deixando de aproveitá-lo, transmite ao filho a mensagem de que o dinheiro é mau, relacionado a algo doloroso, uma vez que não o utiliza para se divertir, viajar ou ir a bons restaurantes. Diante disso, no futuro, esse filho pode querer torrar tudo o que herdou, já que não quer ficar com algo mau para ele. Ou, por outro lado, simplesmente por não ter sido ensinado sobre o trabalho para conquistá-lo, talvez decida fazer o oposto do que seu pai fazia e gaste tudo sem nenhuma racionalidade.

DINHEIRO E FELICIDADE

No capítulo 3, falamos sobre os cinco princípios financeiros e sobre o ditado popular de que o dinheiro não traz felicidade, afirmação com a qual há quem concorde e discorde. Neste capítulo

> "Na vida, você deve encarar cada projeto como uma oportunidade para se desenvolver, para sempre melhorar aquilo que já fez."

final, quero desenvolver algumas reflexões sobre isso. Acrescento que o principal ponto dos meus estudos se refere a como o dinheiro é tratado à luz da Bíblia. Em geral, quem coloca o dinheiro em oposição à felicidade faz isso com certa amargura. Da mesma maneira, sempre que possível, busca colocar pobres e ricos em uma posição de igualdade.

Vamos imaginar, então, um pobre e um rico que tenham perdido parentes próximos, vítimas de alguma doença. Quem defende que dinheiro não traz felicidade pode dizer que o sofrimento de ambos é igual em uma situação como essa, certo? Enquanto o familiar do pobre pode ter passado por incontáveis tormentos no corredor de um hospital público, sem sequer receber atendimento, o parente do rico recebia o máximo de cuidado e conforto em um hospital que até poderia ser confundido com um hotel cinco estrelas, de tão luxuoso.

Isso pode fazer total diferença, mesmo que o final de ambos possa ser considerado idêntico. E o que proporciona isso é o dinheiro.

Costumo dizer, inclusive, que não é o dinheiro que traz felicidade. Na realidade, é a felicidade que traz o dinheiro. Porque quando temos felicidade no trabalho e em tudo o que fazemos, produzimos mais e melhor. Assim, o dinheiro naturalmente vai se multiplicar. E foi estudando para entender a relação entre dinheiro e felicidade que estruturei os cinco princípios. Vamos relembrá-los?

1. Ter um trabalho em que você se sinta feliz.
2. Manter a família com dignidade.
3. Divertir-se (viajar, tirar férias).
4. Investir para o futuro.
5. Doar para ajudar as outras pessoas.

Cada um desses princípios está fundamentado em muitas passagens da Bíblia. E, como sempre digo, quando cumprimos princípios, Deus cumpre promessas.

Há algum tempo, um amigo com quem tenho amizade há quatro anos me enviou uma mensagem que me emocionou muito. Ele tem por volta de 30 anos. Nessa nossa convivência, eu sempre o cumprimentava com as palavras "a paz do Senhor, irmão", como faço com todo mundo, pois é da minha natureza. Isso despertou a curiosidade dele. Certo dia, quando prestes a ir a Orlando, ele me pediu a indicação de uma igreja que pudesse ir por lá. Falei para ele sobre a Lagoinha Orlando Church, do pastor André Valadão, que tem realizado um trabalho incrível e de muita seriedade em Orlando e Miami, na Flórida, EUA.

Ao chegar ao culto, viu que era o pastor Tiago Brunet quem pregava. Naquele dia, ele conta que decidiu levantar a mão e ir até a frente para ser salvo e aceitar Jesus Cristo como seu único e exclusivo salvador. Recebi essa mensagem por áudio, por meio da qual era possível perceber a alegria dele naquele relato. Mais recentemente, conversávamos, e ele disse: "Roberto, está muito claro para mim que tenho que ser dizimista. Você pode me ensinar como?".

Expliquei a ele tudo sobre o assunto. Ao ouvir, ele afirmou que havia começado a trabalhar quando tinha 16 anos e que queria doar o dízimo desde seu primeiro salário, pois acreditava estar inadimplente com Deus. Refleti e o tranquilizei ao dizer que não havia esse débito, uma vez que antes ele não tinha consciência. O pecado ocorre quando a pessoa passa a ter tal discernimento. Ele me pediu indicações de igrejas em que poderia doar o dízimo. Dias depois, me escreveu: "Hoje foi o primeiro dízimo da minha vida. Sinto uma alegria muito grande por ter feito isso". Chorei ao ler aquilo, como me emociono novamente enquanto estou digitando estas linhas. E por quê?

Esse meu amigo realiza um belo trabalho, que transforma a vida de muitas pessoas. Ele mantém a vida dele e de sua família com dignidade. Também sabe se divertir como ninguém, pois conhece boa parte do mundo. Sei que investe para o futuro, porque sou eu quem cuida do dinheiro dele. E agora ele doa. Ou seja, ele completou o ciclo da felicidade. Sinto-me realizado de ter participado disso tudo, pois sei que ele é mais uma pessoa que vai ter a vida plena, com base nos princípios financeiros.

Por isso, concluo que o dinheiro só traz felicidade para quem cumpre princípios financeiros. Quem não os cumpre nunca se sentirá completo. Se a pessoa tem um trabalho que a realiza, mantém sua família com dignidade, se diverte, investe para o futuro e doa para ajudar os outros, ela é completamente feliz. No entanto, um tolo poderia dizer: "Ah, Roberto, o dia em que eu tiver dinheiro, vou falar isso também". Diante de algo assim, eu sempre repito que o princípio não fala em **quantidade**, afirma apenas **o que** tem que ser feito. Princípio é princípio. Quem afirma esperar ter dinheiro para começar a cumprir princípios, portanto, nunca chegará à prosperidade financeira. O segredo da verdadeira riqueza é cumprir os princípios financeiros.

PREPARE O SEU LEGADO

VOCÊ ESTÁ PRONTO?

Para concluir este livro, digo que é chegada a hora da decisão. Algo que você vai ter que fazer agora. Você quer passar por este mundo com grandes obras e enormes conquistas? Em Tiago, capítulo 2, versículo 18, está escrito: "Porquanto o homem pode dizer: Tu tens a fé, e eu tenho as obras; mostra-me a tua fé sem as tuas obras, e eu te mostrarei a minha fé pelas minhas obras". A fé sem obras é uma fé morta. Chegou, então, o momento de você decidir se quer ter uma fé morta, sem obras, ou se prefere deixar um legado para o mundo. Algo maior que uma herança, afinal ela também será a consequência do seu legado.

Chegou o momento de você falar, com toda a convicção:

Eu decido ser rico!

Eu decido SER RICO!

EU DECIDO SER RICO!

Escreva essa frase três vezes nas linhas abaixo.

_____

_____

_____

Uma vez feita essa resolução, você deve pegar todos os principais pontos deste livro, presentes ao longo de todos os capítulos, e estudá-los para montar o seu plano de prosperidade. Utilize a

Ciência da Riqueza e as Múltiplas Inteligências Financeiras para trazer a abundância para a sua vida e a da sua família. No entanto, lembre-se de que essa é uma decisão que apenas você pode tomar. Não adianta esperar que isso surja de outro lugar.

Estamos falando de uma decisão que vai muito além do dinheiro. A prosperidade envolve a sua roda da vida, sua família, seus relacionamentos e networking, sua saúde, sua convivência, seu trabalho, sua diversão e seu lado espiritual. Muita gente fala da vida eterna. Essa é uma promessa que Deus deu de uma existência após a vida aqui na Terra.

Ele, porém, também nos prometeu uma vida abundante que é para ser vivida aqui, como está escrito em João, capítulo 10, versículo 10: "O ladrão não vem senão para roubar, matar e destruir; eu vim para que tenham vida e a tenham em abundância". Portanto, você tem que tomar posse dessa palavra agora e decidir ser rico para ter a vida abundante.

A vida abundante é a prosperidade em grande quantidade. Significa ter bons amigos, sendo que você não precisa ter um milhão deles. Aliás, não queira ter muitos, mas busque os amigos certos. Também diz respeito a ter uma história digna de orgulho, um bom trabalho, uma boa família. E um bom saldo financeiro, esse, sim, busque ter muito. Abundância envolve ainda alta performance e alta qualidade. Não aceite nada medíocre. Não admita que ninguém diga que você "não pode", que "isso não é para você" ou que você "nasceu pobre".

Porque enquanto alguns podem dizer coisas desse tipo para você, Deus afirma algo bem diferente. Ele diz que veio para você ter vida plena. Então, quem são essas pessoas para falar alguma coisa perto do que Deus fala? É Ele quem diz quem você é!

Tome posse. Decida ser rico. Leia e releia este livro. Vá a cada capítulo, volte em todas as anotações que tenha feito durante a leitura. E passe a aplicar imediatamente cada uma das orientações. Cada uma a seu tempo, no seu processo, em cada projeto. Avance e marche. Marche! E jamais largue a rede. Há muitas pessoas soltando suas redes; não deixe a sua. Você deve jogar a rede do outro lado porque lá há milhares de peixes lhe esperando. Marche rumo ao seu propósito, ao seu destino, ao seu chamado.

"Mas, Roberto, ainda não achei meu chamado." Está tudo bem. Marche e você vai encontrá-lo. Parado, ninguém encontra nada. Portanto, marche. Não importa que você esteja em um caminho que ainda não é o seu: você vai encontrá-lo. Na hora certa, vai entender os sinais.

Assim como ocorreu com Moisés, ao ver uma árvore que pegava fogo. Embora, todos os dias ele visse árvores em chamas, aquela, especificamente, não queimava. E aquilo chamou sua atenção. Com isso, Deus encontrou Moisés em um local que não era o do seu chamado, e usou aquele lugar para falar diretamente com ele. Dessa maneira, Ele pôde levar Moisés ao seu chamado.

Marche, avance, pois Deus vai chamá-lo quando você estiver em movimento. Ele não chama o desempregado. Deus sempre chama quem está em movimento. Quando chamou Davi, ele era o pastor de ovelhas do seu pai. Ao chamar Moisés, ele era o pastor de ovelhas do seu sogro, Jetro. Todos estavam em movimento. Nunca uma pessoa foi escolhida estando parada. Não ache que você será escolhido se estiver desempregado. Arrume um emprego, mesmo que não seja o melhor do mundo, mas se movimente.

Avance sempre. Esse caminho vai levá-lo ao encontro da sua riqueza. E agora você tem estratégias na sua mão. Técnicas que eu utilizei para chegar aonde cheguei. Métodos que mais de cem mil pessoas utilizaram para alcançar a prosperidade. Você tem o mapa da riqueza. Um passo a passo. Deus apenas está esperando você falar: "Sim, eu decido ser rico! Eu decido viver a vida plena!". E isso somente você pode fazer.

Desejo que seus sonhos sejam realizados. Que seus projetos sejam iluminados, guiados com muita paz e prosperidade. Jamais permita que digam que algo não é para você. Porque, sim, é! Para você e para toda a sua geração. Paz, prosperidade, vida abundante e nada menos. Que você deixe um belo legado para a humanidade. Obrigado por dedicar seu tempo e por todo o carinho ao ler este livro. Indique esta leitura a outras pessoas. Para todos aqueles que você acredita que estas páginas ajudarão, a fim de que auxiliem na construção de um legado.

Com imensa gratidão, me despeço. Nos vemos nos meus treinamentos, nas palestras, nas minhas redes. Siga meu trabalho no Instagram (@robertonavarrooficial); por meio do nosso portal (robertonavarrooficial.com.br), sempre repleto de conteúdo novo; pelo site do Instituto Coaching Financeiro (cienciadariquezainstituto.com.br); ou pelo nosso canal no YouTube. Todos os dias temos textos e artigos com ensinamentos sobre desenvolvimento humano. Fique conosco, pois a nossa missão é levar você para o próximo nível.

Obrigado por seu tempo e atenção. Um grande abraço.

Do seu amigo,

Roberto Navarro.

"É a felicidade
que traz o dinheiro.
Quando temos felicidade
no trabalho e em tudo
o que fazemos,
produzimos mais
e melhor."

Este livro foi impresso pela gráfica Eskenazi
em papel pólen bold 70 g em agosto de 2020.